4

Lb 142.

RÉFUTATION

DU XI⁰ TOME

DES VICTOIRES, CONQUÊTES, ETC.

En ce qui concerne le Siége d'Ancône.

DE L'IMPRIMERIE DE DENUGON.

RÉFUTATION

(En ce qui concerne le siége d'Ancône.)

DU XIe TOME

DE L'OUVRAGE AYANT POUR TITRE :

VICTOIRES, CONQUÊTES,

DÉSASTRES, REVERS ET GUERRES CIVILES
DES FRANÇAIS, DE 1792 A 1815.

ET

RÉCIT VÉRIDIQUE

DES OPÉRATIONS DE LA DIVISION AUX ORDRES DU GÉNÉ-
RAL MONNIER, EN 1799 ET 1800, DANS LA MARCHE
ET PLACE D'ANCÔNE.

PAR LE COLONEL LE COUTURIER,

Officier de l'ordre royal de la Légion-d'Honneur, chevalier de l'ordre
royal et militaire de Saint-Louis, un des défenseurs d'ANCÔNE.

Suum cuique decus...........
TACITE, *Ann.*, liv. IV, 35.

PARIS,

Au Naufragé de la Méduse,
CORRÉARD, libraire, Palais-Royal, galerie de Bois, n° 258.

1819.

RÉFUTATION

DU XIe TOME

DES VICTOIRES, CONQUÊTES, ETC.

En ce qui concerne le Siége d'Ancône.

J'EMPRUNTE l'épigraphe que la société de militaires et d'hommes de lettres a choisie, parce que je ne demande que ce qu'elle promet, et parce que la société ne tient pas ce qu'elle a promis. Aussi n'en ai-je emprunté que les premiers mots : pris isolément, ils renferment une espèce d'avertissement : *Suum cuique decus......* rendez à chacun l'honneur qui lui est dû. Je retranche les derniers, car si la postérité n'est pas plus juste que les contemporains, *Suum cuique decus posteritas non rependet ;* mais en revanche elle accordera à certaines personnes plus d'honneur qu'elles n'en auront mérité. Et ma prédiction ne s'accomplit-elle pas déjà ? Les hommes d'aujourd'hui sont la postérité de ceux qui cessèrent de vivre il y a dix-huit ans.

Tous les militaires français ont vu avec plaisir qu'une société eût conçu et exécutât le patrioti-que projet de retracer les faits d'armes qui ont illustré nos armées depuis 1792 jusqu'en 1815. Il convenait qu'on racontât avec une égale fran-chise nos victoires et nos revers, nos conquêtes et nos désastres, nos guerres civiles et les guerres soutenues contre les nations étrangères. C'était amasser des matériaux pour l'histoire des 17ᵉ et 18ᵉ siècles. Chacun a de l'amour-propre; on croyait que tous les amours-propres seraient sa-tisfaits, mais je crains que tous ne le soient pas.

Le but de cette grande entreprise paraît être d'appeler l'attention publique sur les militaires encore existans, ou d'honorer la mémoire de ceux qu'une guerre de vingt-trois ans a dévorés. La plupart ont droit à quelque illustration; ils l'ont achetée au prix de leur sang, par de rudes tra-vaux, et par des privations de tout genre.

N'écrirait-on que pour ceux qui ont brillé aux premiers rangs de la milice? Je ne puis admettre cette idée; on se plaît à recommander de simples soldats à l'admiration des contemporains et des générations futures. Mais ne sacrifie-t-on pas à la gloire des chefs celle des subalternes qui pourraient arracher plus d'un fleuron de leur couronne? La part prise par un grenadier à une action ne di-minue rien de la somme de gloire qui revient au général; mais un officier peut en avoir pris une beaucoup plus grande; alors on supprime le rôle de l'officier, et celui du général en devient plus saillant.

Le vulgaire de l'armée ne peut pas espérer que ses actions passent à la postérité. Elles meurent avec lui. Elles n'ont pas été environnées d'une assez grande lumière pour qu'elles percent la nuit des temps. Le livre des *Victoires*, dira-t-on, publie les hauts faits par lesquels tous les grades se sont fait remarquer. Mais il en sera de cet ouvrage comme de ceux qu'on a consultés et mis à contribution pour le composer. Sur cent noms, le burin de l'histoire en grave dix : les autres seront effacés. Si nous entendons encore le chevalier d'Assas crier : *Auvergne, à moi, ce sont les ennemis;* combien de voix animées par un aussi noble dévouement ne retentissent plus aujourd'hui ! Ce qu'il y a de flatteur pour des hommes d'un grade peu élevé, c'est d'obtenir quelque considération pendant leur vie. Ils seraient bien-aises, en entrant dans un salon, qu'un lecteur qui tiendrait à la main le livre des *Victoires et Conquêtes*, trouvât leur nom à la table alphabétique, et leurs belles actions sur une des pages.

Vétérans de l'armée, que la mort n'épargna que pour prouver qu'elle laisse quelquefois vieillir l'homme sous la cuirasse comme sous la simarc, nous n'avons servi que pour acquérir un peu de gloire; n'est-il pas injuste de nous priver de cette unique récompense? Nous avons traversé la révolution l'épée à la main : nous avons vu tirer le premier et le dernier coup de canon; nous avons assisté à tous les combats auxquels les régimens dans lesquels nous servions ont eu ordre de se trouver; couverts d'honorables cicatrices, nous n'avons pas cessé de faire la guerre activement; nous en avons éprouvé toutes les mauvaises chances; nous avons supporté des fatigues inouies, souffert des maux incalculables. Que nous en reste-t-il? La conscience d'avoir fait notre devoir, d'avoir servi notre pays. Du reste, nous sommes vieux avant l'âge de la vieillesse, infirmes avant le temps où les infirmités viennent affliger le commun des mortels; et plus pauvres, pour la plupart, qu'en entrant dans la carrière militaire. Nous n'avons donc servi que pour l'honneur. Eh bien ! c'est l'honneur seul que nous revendiquons. Si chaque mouvement que nous faisons nous rappelle les dangers auxquels nous avons échappé, et les blessures que nous avons reçues, que les pages consacrées au récit des opérations militaires dans lesquelles nous nous sommes dévoués, nous consolent par l'idée qu'on sait que nous avons contribué à leur succès. Les millions de guerriers que la liberté d'abord, et l'autorité plus tard, armèrent pour leur cause, ont réuni leurs efforts pour amasser cet immense patrimoine de gloire qui passera à nos descendans. Que le siècle fasse les partages les plus équitables, l'avenir

envahira assez tôt les petits héritages particuliers,
pour arrondir les grandes fortunes.

Dans une armée composée de mercenaires
achetés à prix d'argent, on pouvait autrefois payer
par quatre louis d'or le trait de courage d'un bas-
officier. Aujourd'hui, dans une armée nationale
et recrutée par la conscription dans toutes les
classes de la société, un sous-officier répond à son
général : On ne paie pas l'intrépidité avec de l'or,
mais avec un ruban. Le soldat français ne connaît plus d'autre monnaie (1).

Les journaux annoncèrent dernièrement que
le onzième volume des *Victoires* était sorti des
presses de M. Panckoucke, et qu'il contenait la
relation de la défense d'Ancône, en 1799 et 1800.
Quelques officiers, qui se distinguèrent dans ce

---

(1) En 1762, à la bataille de Joannisberg, Michel Rous-
sillac, caporal, se porta seul au-delà d'un ruisseau que les
ennemis passaient; il en tua plusieurs et ramena 11 prisonniers. Le maréchal de Soubise, témoin de cette action,
et toujours prêt à récompenser le courage, donne sur-le-
champ quatre louis d'or à ce brave homme. (*Essais his-
toriques*, de M. de Roussel.)

La croix de la Légion-d'Honneur, dont on voit la poitrine des simples soldats décorée, prouve qu'à présent
la bravoure ne fait plus d'appel à la bourse des généraux
français. On les aurait assez gênés dans le temps où nous
étions, dans tous les grades, payés à huit francs par mois.
C'est peut-être l'époque qui a été marquée par plus de traits
d'héroïsme.

siége, l'ouvrirent avec empressement. Ils disaient :
Si notre nom est imprimé sur quelques feuillets
de ces annales militaires, ce sera sur ceux qui
traiteront de la défense d'Ancône. Nous y étions,
nous y avons participé. Les rédacteurs ne peuvent
avoir puisé leurs renseignemens que dans le rapport fait au Gouvernement par le chef de bataillon
Girard, premier aide-de-camp du général Monnier, (ce rapport fut imprimé à Gênes, en 1800),
ou dans l'ouvrage, en deux volumes, de M. Mangourit, commissaire des relations extérieures et
commerciales de France à Ancône; ouvrage pos-
térieur à celui de Girard, imprimé à Paris en
1802; or, dans tous deux nous sommes cités plusieurs fois, comme étant du nombre des militaires qui obtinrent des mentions honorables et
de l'avancement. Ni l'un ni l'autre, peut-être, ne
disent la vérité. Quelquefois pour motiver la promotion d'un officier à un grade supérieur, lors-
qu'il avait habituellement bien fait, sans cependant s'être trouvé en position de faire une action
d'éclat, on a emprunté l'action d'un autre. N'im-
porte, on a fait à chacun sa part de gloire, et
chacun s'en est contenté. Les chefs de corps, avant
de se séparer, signèrent celui du commandant
Girard, pour en garantir l'authenticité. M. Mangourit a travaillé sur ces erremens. On aurait pu
désirer qu'il s'en fût un peu moins écarté. Ces
officiers dont je viens de parler, tous mes camarades et mes amis, ont été fort étonnés, en parcou-

-rant les feuillets de ce XIe tome, depuis le 311e jusqu'au 344e et dernier, de ne pas apercevoir leurs noms, quoiqu'ils en rencontrassent douze ou quinze, et, dans le nombre, de peu marquans. Ils m'ont engagé à prendre la plume, et ils osent demander, par mon organe, où on a puisé ces documens. Il est aisé de voir qu'on avait sous les yeux les deux ouvrages précités ; on les copie presque littéralement dans beaucoup de passages. Il est vrai qu'on transpose des faits, qu'on embellit des traits, qu'on change des dates, qu'on exagère des grades. Mais, à travers ces irrégularités, on ne voit pas moins clairement que c'est sur ces bases qu'on a édifié. Pourquoi donc dénature-t-on la plupart des rapports? Si le rédacteur a été spectateur de ce drame sanglant, ou s'il a été un des acteurs, sa mémoire est bien infidèle, et le sert bien mal. Quel intérêt a-t-il de frustrer de leur part de gloire ceux qui s'en sont acquis?

Il est constant, comme je le prouverai, et les citations que je ferai du rapport historique du chef d'état-major Girard le prouveront encore mieux, que le 2e bataillon de la 16e demi-brigade d'infanterie légère a le plus puissamment concouru à défendre la place d'Ancône, parce que c'était le bataillon le plus complet, le plus en état d'agir. Les autres corps étaient faibles, la plupart n'étaient que des dépôts. Les officiers de la 16e sont ceux qui ont eu le plus de moyens et d'occasions de se distinguer. Ils n'en ont laissé échapper aucune. On en jugera d'après les relations de MM. Girard et Mangourit. Cependant le nom d'aucun officier de ce corps, le lieutenant Chavonet excepté, ne se trouve dans l'analyse que fait le livre des *Conquêtes*, des opérations de la division Monnier; et ils auraient pu s'y trouver presque tous. Voilà comme on écrit l'histoire!

Avant d'entrer dans la discussion, je crois utile de faire connaître la composition de la division du général Monnier, ainsi que le nombre et la valeur des troupes contre lesquelles il eut à lutter. Il me semble que c'est un préliminaire essentiel. La résistance a d'autant plus ou d'autant moins de mérite, qu'on a plus ou moins de forces à opposer à l'agression. C'est cependant le point que les narrateurs ont le plus négligé. Je vais réparer, du mieux que je pourrai, le tort de cette omission.

Ils auraient dû représenter le général Monnier isolé au fond de l'Italie, sans communication avec aucun corps de troupes françaises, ignorant s'il existait encore une armée d'Italie, et s'il pouvait être secouru à temps, prenant courageusement la résolution de défendre pied à pied les départemens soumis à son commandement, et, en dernier lieu, la seule place de cette lointaine contrée, qui fût susceptible, par sa position, d'être disputée. On aurait dû nous faire contempler cet actif, cet infatigable officier-général se portant, avec la rapidité de la foudre, des montagnes de l'Abruzzo au port de Fano; revenant de Fano à Macerata, retournant de Macerata à Pezzaro, s'enfonçant dans les gorges épouvantables du Fourlo, et terrassant partout l'hydre toujours renaissante de la révolte et de l'insurrection. On aurait dû le faire admirer improvisant une place de guerre sur des rochers qui étaient à peine couverts de quelques vieilles fortifications élevées par les souverains pontifes, se créant des moyens de défense, organisant des corps de troupes, fabricant de la poudre, coulant des mortiers, battant monnaie, construisant des moulins à bras, ouvrant des hôpitaux et des casernes, transformant un port marchand en port de guerre, et enfin soutenant cent cinq jours de siége régulier, avec une poignée de braves, contre des troupes dix fois supérieures en nombre. Le merveilleux de la défense d'Ancône consiste plus, ce me semble, dans la création que dans l'emploi des moyens de résistance, dans la hardiesse de la résolution que dans la durée de la lutte.

Parlons maintenant des troupes.

La division Monnier se composait, pendant les quatre mois qu'elle se maintint au-dehors dans les départemens du Tronto, du Musone et du Metauro, du 5ᵉ bataillon de la 8ᵉ demi-brigade

d'infanterie légère, les carabiniers étant détachés, ... 400 hommes.
du 2ᵉ bataillon de la 16ᵉ légère, . . . 600
d'un bataillon incomplet de la 55ᵉ, 300
d'un dépôt de la 62ᵉ, ... 250
d'une faible demi-brig. cisalpine, . 500
des débris de 2 légions romaines, . 450

Au total elle comptait . . . . 2,500 combattans. Le général organisa successivement la compagnie auxiliaire, une compagnie d'hussards volontaires, et quelques escouades de canonniers
volontaires. La levée de ces corps grossit peu le
nombre des défenseurs. Ce fut cependant une
augmentation réelle de bras, puisqu'on n'y admit
que les employés des diverses administrations militaires, des Grecs et des Juifs réfugiés des îles Io-
niennes, et des marins. Dire que ces trois nouveaux
corps nous fournirent 500 combattans, c'est, je
crois, approcher beaucoup de la vérité, si ce
n'est pas aller au-delà. Le général n'a donc eu à
disposer que de 3000 hommes, et chaque jour,
chaque engagement diminuait ses ressources. Il
n'y avait pas moyen de réparer les pertes. Aussi
la division, en sortant d'Ancône, ne comptait pas
plus de 1500 hommes sous les armes. Elle lais-
sait environ 500 blessés et malades à l'hôpital.

Il est peu d'exemples d'un dévouement aussi
généreux que le fut celui des administrateurs
français qui se trouvèrent dans Ancône au mo-

ment où toutes les routes furent fermées et inter-
ceptées. Non contens de remplir les devoirs de
leurs charges respectives, ils voulurent partager
nos dangers et notre gloire militaire.

Monnier n'eut pas besoin de leur faire un appel, ils sollicitèrent la faveur d'entrer en ligne
avec nous. Je me plais à dire qu'ils marchèrent
avec nous d'un pas égal au chemin de l'honneur.
Ceux qui préférèrent le service de la cavalerie,
s'inscrivirent dans les hussards; ils s'habillèrent,
se montèrent et s'équipèrent à leurs frais. Nous
ne présentâmes à l'ennemi que cette cavalerie,
car nous n'avions, avant cette formation, que
quelques dragons ou gendarmes romains. Faure,
capitaine du 16e de dragons, resté à l'hôpital
pour cause de blessure, fut mis à la tête des hussards. Dulong, jeune encore, employé aux relations commerciales, fut nommé sous-lieutenant
d'abord, lieutenant plus tard, et capitaine à la fin
du siége; il fut grièvement blessé au bras.

D'autres désirèrent servir à pied. Ils entrèrent
dans la composition de la compagnie auxiliaire,
dont le commandement fut confié à Malvillan, an-
cien officier, directeur de l'hôpital d'Ancône. Cette
compagnie, toute neuve qu'elle était, rivalisa partout de courage et d'ardeur avec les vieilles bandes.
Enfin, d'autres employés désirèrent faire le service
d'artilleurs; on les amalgama avec les canonniers
de marine qui étaient à bord des bâtimens de l'État,
mouillés dans le port, et qu'on désarma. Ces ca-

nonniers débarqués servirent les pièces du Môle
et des batteries de Sto.-Ciriaco, qui défendaient
la rade et l'entrée du port.

Le *livre des Conquêtes* parle des hussards et
de la compagnie auxiliaire. Il nomme Dulong et
Halley. Pourquoi ne fait-il pas connaître les élé-
mens dont ces corps furent formés ? Pourquoi ne
saisit-il pas une si belle occasion de placer à
propos un éloge mérité ?

Ce n'est pas encore le moment de parler de la
colonne infernale. Elle fut formée lors de l'inves-
tissement de la place. D'ailleurs, elle n'augmenta
pas le nombre des troupes, puisqu'elle fut composée des compagnies d'élite de la garnison, réunies en un petit bataillon.

Depuis le 29 floréal jusqu'au 21 thermidor, an 7
(je suivrai de préférence les dates de Girard), le
général Monnier eut à combattre 1000 Russes
que l'amiral Woinovich avait débarqués des vaisseaux qui bloquaient le port; 1000 Albanais ou
Esclavons également débarqués des vaisseaux ottomans réunis aux Russes; et les bandes d'insurgés commandées par Donato de Donatis, ensuite
réunies sous les ordres du général Lahoz, qui
avait déserté les drapeaux autrichiens d'abord,
puis les drapeaux français. Peu nombreuses et mal
disciplinées dans le principe, ces bandes ne tar-
dèrent pas à devenir formidables. Lahoz les enré-
gimenta, les exerça, les habilla, en un mot Lahoz
en fit des corps qu'on pouvait opposer à des

troupes régulières. On porta, vers la fin du siége, l'armée de Lahoz à 40,000 hommes.

A ces troupes se joignirent, dans le mois de fructidor suivant, 6000 Autrichiens, Croates ou Hongrois, aux ordres du lieutenant-général baron de Frœlich, ayant sous lui deux généraux majors. C'est contre ces troupes que nous soutînmes le siége, c'est avec elles que nous capitulâmes.

Les assiégeans, surtout après l'arrivée du corps autrichien, avaient une nombreuse et belle artillerie; nous avions de mauvaises pièces en fer. Les projectiles étaient en petit nombre, heureusement les vaisseaux *le Stingel, la Harpe* et *le Beyraud* étaient lestés avec des boulets; on les débarqua. Mais l'arsenal était aussi mal approvisionné en poudre. Si l'ingénieur Briche, aujourd'hui sous-préfet à Colmar, et frère du lieutenant-général, n'avait pas réussi à en fabriquer, notre défense n'aurait pas été de longue durée. Nos magasins avaient été encore moins remplis que l'arsenal. Les Français ont prouvé, à Ancône comme à Gênes, qu'ils savent supporter les plus grandes privations. Le même administrateur Briche nous en épargna beaucoup. Il y avait du grain et peu de farine; Briche construisit des moulins à bras; sans lui nous aurions manqué de pain dès les premiers jours. Nous devons donc des actions de grâces à cet homme précieux, dont les connaissances égalaient le zèle; il nous procura les deux choses les plus nécessaires aux guerriers, du pain et de la poudre. Ce fut lui aussi qui convertit la vaisselle d'argent en piastres, et le cuivre en bayocs. Ce fut encore lui qui coula des mortiers à la Gomère. La division d'Ancône lui fait hommage d'un rameau de son laurier.

A présent je passe à l'examen de l'ouvrage. Je serai concis dans mes réflexions, je ne me propose pas de faire un livre. Je comparerai chaque récit du XIe tome avec le rapport historique du chef d'état-major Girard. Je l'ai reçu des mains du général Monnier : il me l'offrit comme un témoignage de son attachement, une preuve de son estime particulière ; je le conserve comme un monument du peu de gloire qu'un officier d'un grade inférieur peut acquérir.

La meilleure manière de réfuter les rédacteurs du XIe tome, est de mettre leur récit en regard avec celui du général-commandant, et de s'en rapporter au discernement du lecteur. C'est ce que je vais faire. Les changemens et les oublis du XIe tome seront faciles à apercevoir.

Pag. 315, le 23 mai (6 prairial, suivant Girard), « Six cents Russes débarqués au pont du Metauro, » vers Fano, furent culbutés dans la mer par qua- » tre compagnies d'une demi-brigade cisalpine, » commandées par l'aide-de-camp Demoly. »

Girard dit : « Les braves Cisalpins firent des » prodiges de valeur. L'aide-de-camp Demoly, of-

»-ficier du plus grand mérite, les dirigea avec au-
» tant de bravoure que de hardiesse, et de talens
» militaires. Le lieutenant Herculi , des dragons
» romains , se distingua. L'ennemi souffrit beau-
» coup. »

Si Girard ne croit pas devoir toujours nommer
le chef qui commandait les troupes, au moins il
cite les officiers qui se sont fait remarquer dans
l'action. *Le livre des Conquêtes* ne cite presque
jamais que l'officier d'état-major. Oserais-je demander la raison de cette préférence qu'on obser-
vera dans presque tous les rapports?

Ibid. le 1ᵉʳ juin (14 prairial), « Monnier sortit
» de la place à la tête d'une colonne de deux ba-
» taillons des 8ᵉ et 16ᵉ légères, et de deux autres
» bataillons, un romain, un cisalpin; avec quel-
» ques chevaux et 4 pièces de canon. En deux
» jours il chassa les insurgés de Santo-Benedetto,
» Acquaviva, Belforte, Calderola, Tolentino, Ca-
» merino, Macerata, Offido, Ripatransone et Mon-
» te-Alto; et s'étant avancé ensuite sur Ascoli, dont
» les insurgés avaient fait , en raison du voisinage
» du royaume de Naples, une de leurs principales
» places d'armes, il résolut de la prendre d'assaut.
» L'aide-de-camp Girard , monté le premier sur la
» muraille, y arbora le drapeau républicain, tan-
» dis que le capitaine Demoly, autre aide-de-camp
» du général Monnier, pénétrait par une autre
» porte de la ville. »

Ces nombreuses et importantes attaques nous

occupèrent trois jours, et ce n'était pas mal em-
ployer notre temps. Ecoutons Girard qui met en
scène d'autres officiers que ceux qu'on vient de
désigner.

« Le 14 prairial le général Monnier fait attaquer
» et enlever Ripatransone, Santo-Benedetto, Ac-
» quaviva, par les carabiniers et un détachement
» de la 16ᵉ et la 4ᵉ légion romaine. Son chef Du-
» barry, et Blanc, capitaine de la 27ᵉ légère, se
» distinguèrent par leur courage et leurs talens,
» ainsi que Mille, sous-lieutenant, Mathouchy et
» Lamotte, sergens de la 4ᵉ légion romaine. Phi-
» lippeaux, sous-lieutenant de la 16ᵉ légère, se fit
» remarquer. »

« Le 15 il s'empara d'Offido et de Monte-Alto. »

« Le 16, le général attaque sur deux points
» Ascoli, ville fortifiée par la nature, défendue
» par la frénésie. Toutes les portes étaient fermées
» et barricadées ; les rebelles, au nombre de 15
» à 1800, réunis aux habitans, occupaient les rem-
» parts qu'ils défendaient avec acharnement. La
» fusillade durait depuis deux heures, elle deve-
» nait meurtrière. Le général ordonne l'assaut, les
» carabiniers de la 16ᵉ, conduits par leur capi-
» taine Le Couturier, s'y précipitent. Un instant
» suffit, la ville est enlevée, et Ascoli rebelle revoit
» pour la troisième fois nos braves victorieux. Tan-
» dis que la droite enlevait la place d'assaut, l'aide-
» de-camp Demoly attaquait la porte Maggiore,
» défendue par 2 pièces d'artillerie, et entrait de

» vive force dans la ville, après en avoir enfoncé
» les portes à coups de canon. »

« Munaut, lieutenant des carabiniers de la 16ᵉ,
» qui s'élança le premier à l'assaut, fut promu sur
» le champ de bataille au grade de capitaine. Lange,
» capitaine de la 4ᵉ légion romaine, et Castan,
» tambour-major des Cisalpins, se distinguèrent.
» Les Cisalpins et les Romains rivalisèrent de gloire
» avec la brave 16ᵉ. »

Il est mort glorieusement le brave Girard, à la
tête d'une division, et ses yeux mourans virent
les Français vainqueurs! S'il vivait encore, il re-
pousserait l'honneur qu'on veut lui faire d'être
parvenu le premier sur les murs d'Ascoli. Je sais
que, rédigeant lui-même le rapport historique de
nos opérations, il ne pouvait pas se nommer.
Aussi nous pensâmes qu'il était de notre devoir
de réparer le silence de sa modestie, en faisant
de lui, au bas de son rapport, un éloge mérité.
Mais il n'aurait pas été cité comme ayant monté
le premier à l'assaut d'Ascoli, quand même le rapport aurait été fait par tout autre que par lui.
J'étais, avec mes carabiniers, sous les murailles et
au-delà du pont. Le général me fait donner l'ordre
d'escalader. Je prends, dans des maisons aban-
données, quelques échelles : nous les dressons
contre la muraille, nous montons le sabre à la
main. Mon lieutenant Munaut arrive sur la muraille, suivi du sous-lieutenant Boisard. Nous
descendons dans la ville remplie de rebelles. A

grands coups de hache nous brisons la porte, et
le général, ayant son aide-de-camp Girard à ses
côtés, entre à la tête du 2ᵉ bataillon de la 16ᵉ.
Nous pénétrons dans la ville, poussant l'ennemi
la baïonnette aux reins. Nous arrivons à la porte
Maggiore, porte qu'une seconde colonne attaquait
avec du canon; nous massacrons tous ceux qui la
défendaient; nous renversons toutes les barricades,
et nous donnons à la 2ᵉ colonne l'entrée d'une
ville dont nous étions déjà les maîtres. Voilà la
vérité exacte. Si Munaut n'était pas arrivé le premier sur la muraille, le général l'aurait-il fait capitaine sur le champ de bataille? Le lieutenant-
général Girard a, dans sa vie militaire, assez de
grandes et belles actions, pour qu'on ne l'enri-
chisse pas de celle de Munaut, qui fut tué quelques mois plus tard, comme on le verra ci-après.
Le rédacteur a pu être induit en erreur par M. Mangourit, qui, à la pag. 161ᵉ de la 1ʳᵉ partie de son
ouvrage, dit : « Girard s'élança le premier. » Mais
j'en demande pardon à M. Mangourit; il a, dans
plus d'un passage, altéré la vérité de faits dont il
n'a pas été témoin oculaire. Il devait s'en rapporter au général Monnier, qui avait tout vu, tout
jugé. Si on n'a consulté que les deux volumes de
M. Mangourit, je suis moins étonné de l'inexactitude des relations; mais on a encore fait des va-
riantes, comme il en a fait lui-même. C'est ainsi
qu'un fait vrai, en passant par plusieurs bouches, se
change en conte. Mais pourquoi ne suivait-on pas

l'historique de Girard ? On ne pouvait ignorer qu'il existât ; M. Mangourit le cite à chaque page ; il n'a fait que le commenter. On l'aurait trouvé chez lui, on l'aurait trouvé dans les archives du ministère de la guerre, et on aurait eu un guide sûr.

C'est à la prise d'assaut d'Ascoli que le 2ᵉ bataillon de la 16ᵉ légère, et les carabiniers surtout, fondèrent cette grande réputation, qui alla croissant dans la division jusqu'au jour de sa dissolution.

Pag. 316, le 6 juin (21 prairial), combat de Pezzaro et retraite sur Sinigaglia. Girard dit : « Les » chefs de bataillon Magnen et Boudin se distin- » guèrent particulièrement, ainsi que Deschamps, » sous-lieutenant à la 62ᵉ. Dulong, officier des hus- » sards volontaires, se comporta avec beaucoup » de bravoure ; son chapeau fut percé par un coup » de mitraille et une balle. Nous eûmes à regretter » 20 blessés et 6 hommes tués. »

Le XIᵉ tome fait le détail de ce combat sans citer personne. Il ne dit pas non plus que le 26 prairial le général Pino attaqua, avec les chefs de bataillon Boudin et Pontavice, la place d'Yesi et l'enleva d'assaut. Que les troupes de la 16ᵉ donnèrent à cette attaque, ainsi que la 5ᵉ légion romaine, de nouvelles preuves de leur audace. (Girard, pag. 5.)

Je conviens que les narrateurs n'ont pas dû détailler toutes les affaires ; elles sont en trop grand nombre. Ils auraient franchi les bornes

qu'ils se sont posées. Ils ont dû résumer, analyser
le journal du siége. Comment donc se fait-il qu'ils
aient employé 34 pages à décrire, en abrégé, la
défense d'Ancône, tandis que le chef d'état-major
Girard nous en présente l'ensemble dans 26 pages
du même format? Cependant Girard n'omet rien
d'essentiel. Il cite scrupuleusement les corps et les
individus qui se firent remarquer. Le *livre des
Victoires* ne cite jamais qu'un ou deux noms,
et ce sont toujours les mêmes.

Pag. 318, le 18 juin (30 prairial) : « Les troupes
» combinées, renforcées par de nouveaux déta-
» chemens de l'escadre ennemie, attaquent Sini-
» gaglia, défendue par le 3ᵉ bataillon de la 8ᵉ légère.
» L'attaque fut vive, la résistance opiniâtre. L'of-
» ficier, qui commandait ce bataillon, se retira. »

Pourquoi ne pas le nommer? Girard le nomme.
« Le chef de bataillon Magnen, et Dapremont
» commandant la place, dirigèrent la défense avec
» bravoure et talent. Zenardi, adjudant-major, s'y
» distingua particulièrement. » Le XIᵉ tome ne
nomme que Zenardi, et oublie les deux premiers.

Pag. 320, (1ᵉʳ messidor) : « L'ennemi fut atta-
» qué par le général Pino, ayant avec lui de forts
» détachemens des 8ᵉ et 16ᵉ légères. Il fut repoussé
» au-delà de Loretto et de Castel-Fidardo. Rallié
» à Filotrano, il se représenta le lendemain devant
» Osimo; mais il fut encore battu et obligé de
» fuir en désordre. Sur ces entrefaites on rentra
» à Sinigaglia; on réoccupa Fano. Monnier marcha

» sur Macerata, occupée par plus de 5ooo insur-
» gés, et s'en empara, après la plus vigoureuse
» résistance de la part de ces derniers, qui per-
» dirent au-delà de 2000 hommes. Mais, pendant
» le même temps, Lahoz avait repris Fano. »

C'est raconter en bien peu de mots, et sous une
seule date, les combats qui se livrèrent pendant
les quatre premiers jours de messidor, combats
dans lesquels, dit Girard, nos troupes montrèrent
la plus grande valeur, tuèrent 2000 hommes à
l'ennemi, prirent 2 pièces de canon et quelques
chevaux. Je vais raconter plus longuement la prise
d'assaut de Macerata et de Fano; mais avant tout,
disons, qu'à l'occupation de Loretto et de Castel-
Fidardo, l'aide-de-camp Gravier, blessé d'un
coup de feu à la cuisse, fut promu, sur le champ
de bataille, au grade de capitaine; disons aussi
que Cataneo, capitaine-adjoint, et Rossier capitaine cisalpin, se distinguèrent particulièrement.

Il n'est pas encore temps de se porter sur Macerata et Fano. Nous avons à parler auparavant
d'une autre expédition.

Je suis étonné que les auteurs du XIe tome
passent sous silence les journées des 5, 6, 7, 9
et 10 messidor. Qu'ils ne forcent pas, avec le général Monnier, le terrible passage du Fourlo, percé
par Annibal; qu'ils ne suivent pas les troupes des
8e et 16e légères, les Cisalpins, les hussards volontaires et les dragons romains à Fossambrone;
qu'ils ne s'enfoncent pas sous cette voûte taillée à

pic dans le roc, et qu'ils ne délogent pas les insurgés des cavités dans lesquelles ils s'étaient embusqués; qu'ils n'arrivent pas avec nous à Cagli, où Brunelli, maréchal-des-logis des dragons romains, fut fait sous-lieutenant sur le champ de bataille. Je suis étonné qu'ils n'assistent pas à l'assaut de Fabriano, place qui fut défendue avec autant d'opiniâtreté qu'on mit d'audace à l'enlever. Le capitaine cisalpin Rossier y fut fait chef de bataillon; Deschamp, sous-lieutenant de la 62ᵉ, fut nommé lieutenant; Castan, tambour-major des Cisalpins, Capelan, chasseur de la 16ᵉ, montèrent les premiers à l'assaut; Grosset, chasseur de la 8ᵉ, blessé grièvement, fut nommé caporal; Fontanelli, chef de bataillon cisalpin, fut blessé (1).

La place de Fabriano était prise; il fallut suivre les insurgés qui s'étaient repliés dans les gorges de la Roussa; il fallut forcer ce second défilé dans lequel on n'entre qu'avec étonnement et effroi. Ce fut au pas de charge qu'on le franchit en bravant la fusillade ennemie, et au risque d'être écrasé par les pierres et les quartiers de rocher que la rage des rebelles faisait rouler sur la colonne. En sortant de cette épouvantable gorge, on déboucha dans la plaine d'Yesi.

-----

(1) Le chef de bataillon Fontanelli est devenu depuis lieutenant-général et ministre du royaume d'Italie.

(23)

Cette expédition audacieuse, dans laquelle nos troupes déployèrent l'intrépidité étonnante qui caractérise les Français, aurait dû occuper sa place dans le XIe tome, on en a rapporté d'autres bien moins dignes d'attention.

Le 6 messidor le chef de bataillon Pontavice avait repris Recanati ; mais, d'un autre côté, le capitaine Chevalier avait été obligé d'évacuer Fano. Laissons-le se replier encore une fois sur Sinigaglia, nous ne tarderons pas à le replacer dans son commandement. Avant tout, il faut chasser de Macerata les insurgés qui s'y sont réfugiés depuis que Recanati est retombé au pouvoir des Français. Écoutons le chef d'état - major Girard, c'est lui qui va nous raconter les assauts de Macerata et de Fano qui ne sont indiqués que d'un seul mot au tome XIe. Ces faits d'armes méritaient qu'on s'y arrêtât.

« Le 16, une colonne, composée du 2e batail-
» lon de la 16e légère, d'un détachement de la 8e,
» des Cisalpins, et de la 3e légion romaine com-
» mandée par le chef de brigade Nielepies, part
» de Loretto et de Recanati. Le général Monnier,
» précédé de la grosse artillerie, et suivi de la ca-
» valerie, arrive comme un éclair sous les murs
» de Macerata, le 17 à la pointe du jour. Dès la
» veille les dispositions avaient été prises pour
» faire un siège prompt et rapide. A quatre heures
» du matin l'artillerie joue, le feu brûle la ville,
» les murs offrirent bientôt une brèche praticable.

»Le général Monnier fait avancer l'artillerie à
» quarante toises de la porte principale , soutenue
» par un bastion. La brèche est ouverte en deux
» endroits : l'assaut est commandé, la ville prise,
» et les plus acharnés sont massacrés dans les rues
» et sur les places publiques. » J'étais à cet assaut;
le 2ᵉ bataillon de la 16ᵉ légère, formé en colonne
serrée, les carabiniers en tête, y monta le premier. Le lieutenant Sigalas de la 16ᵉ y fut tué.
C'est avec nous que le chef de bataillon d'état-
major Boudin et l'aide-de-camp Demoly se firent
remarquer par leur intrépidité. Scicoti, chasseur,
et Lange, capitaine de la 3ᵉ légion romaine, furent des premiers à s'élancer à l'assaut. Le capitaine Schiassetti, des dragons romains, impatient
de voir que la cavalerie ne pouvait contribuer à
la prise de cette ville, mit pied à terre et se mêla
avec les braves qui montaient à la brèche. (Ex-
trait du rapport de Girard.)

P. 321 , assaut de Fano (23 messidor) : « Fano,
» dit Girard, nous préparait de nouveaux com-
» bats et de nouveaux lauriers. »

Je lis au tome XIᵉ : « Monnier se porta de nou-
» veau sur cette ville. Les troupes françaises et
» italiennes, divisées en trois colonnes, dont deux
» étaient commandées par les généraux Lucotte et
» Pino, et la 3ᵉ par Monnier lui-même, enfoncè-
» rent les portes de la ville et y pénétrèrent. Les
» Esclavons se défendirent long-temps avec une
» intrépidité remarquable, ainsi que les insurgés,

» qu'on avait mêlés dans leurs rangs pour leur
» inspirer plus de résolution. Il fallut que Mon-
» nier et Lucotte fissent avancer des pièces de
» canon chargées à mitraille pour pouvoir rompre
» la masse que les ennemis formaient sur la place
» de Fano. Les troupes françaises et italiennes,
» irritées de la longue défense de leurs adver-
» saires, ne cessèrent le massacre que lorsque la
» fatigue eut lassé leurs bras. Huit canons, que
» Lahoz avait placés sur les remparts, ainsi que
» cette ville, tombèrent au pouvoir des Français. »
Girard fait de ce combat opiniâtre et sanglant
une description à peu près semblable à celle du
XIe tome. Mais il désigne les troupes et les officiers
qui s'y distinguèrent. Voici ce que dit le rapport
officiel :

« Lâs de brûler la ville, le général ordonne
» qu'on abatte les portes, et qu'on ouvre la brèche.
» L'ennemi ne s'épouvante pas. Tout à coup le
» général Pino, les capitaines Chevalier et Ze-
» nardi, suivis des carabiniers et du bataillon de
» la 16e, franchissent les fossés, montent à la brê-
» che, s'élancent sur les remparts et traversent la
» ville au milieu d'une grêle de balles. La ville est
» enlevée, l'ennemi cherche à effectuer sa retraite
» par mer, mais les hussards et les dragons ro-
» mains, commandés par leur brave chef, Pa-
» lombini, animés par l'aide-de-camp Demoly,
» qui était à leur tête, se portent, sous un feu
» terrible, venant de la mer, sur le port où ils

»coupent toute retraite à l'ennemi. Le général
»Lucotte s'avance à gauche au pas de charge vers
»la porte de Pezzaro, et coupe les hussards en-
»nemis qui se sauvaient par la grande route. Cette
»opération donna pour résultat la prise d'une
»ville que nos ennemis étaient convaincus qu'ils
»ne perdraient pas, 260 hommes tués, 50 prison-
»niers de guerre, tous Esclavons, dont le com-
»mandant fait prisonnier par le lieutenant des
»hussards Dulong, le commandant de la marine,
»le chef de l'artillerie qui fut blessé, huit pièces
»de canon et une quantité prodigieuse d'armes. Je
»ne parle pas des noyés, la mer en était couverte.
»Le général Pino, à la tête de la cavalerie, pour-
»suit l'ennemi pendant quatre milles, et lui sa-
»bre un grand nombre de fuyards. La cavalerie
»ennemie évite de se mesurer avec la nôtre.

» Le 2ᵉ bataillon de la 16ᵉ légère, commandé
»par son brave et estimable chef Boblique, offi-
»cier de mérite, fit des prodiges de valeur.

» Le général Lucotte fit les plus grands éloges
»de la conduite courageuse de la toujours brave
»8ᵉ et de son chef Magnen, bon et brave officier,
»dont le cheval fut tué sous lui, par la mitraille
»des remparts; et de la compagnie auxiliaire, qui
»ne voulut pas le céder à la troupe de ligne.

» L'intrépide Chevalier fut promu, sur le champ
»de bataille, au grade de chef de bataillon, mé-
»rité par sa conduite et ses talens.

» L'artillerie fit de grands efforts. Son comman-

» dant, le colonel Alix, prouva que les talens et
» le sang-froid sont précieux réunis avec la bra-
» voure. Il est aujourd'hui lieutenant-général du
» corps royal d'artillerie.

» L'aide-de-camp Gravier, poursuivant l'en-
» nemi avec une poignée d'hommes de la brave
» compagnie auxiliaire, lui prit sa pièce de canon
» de retraite. »

» Le général Pino eut sans cesse à ses côtés
» Decoquel et Banco, officiers cisalpins.

» Janot, sergent de la compagnie auxiliaire, se
» distingua. »

Il y avait, comme on vient de le voir, de belles
citations à faire dans cette journée, en s'aidant
des renseignemens donnés par Girard. On n'en
fait aucune.

Puisqu'on ne parle pas des événemens, peu
importans à la vérité, qui se passèrent depuis le
16 thermidor jusqu'au 21 fructidor, jour de l'in-
vestissement d'Ancône, j'en dirai peu de chose
moi-même.

C'est pendant ce laps de temps que la place de
Fano fut reprise par Woinovich, et que le chef de
bataillon Chevalier, qui la commandait, fut envoyé
prisonnier de guerre avec sa garnison à Venise.
C'est à la même époque que le colonel Alix fut,
contre les lois de la guerre, retenu comme prisonnier, quand il allait parlementer. Le chef de
bataillon Triboullois lui succéda dans le commandement de l'artillerie.

À la page 323 on indique seulement d'un mot les attaques successives du corps de Lahoz, qu'on porte à 40,000 hommes, sur Yesi, Fiumegino, Castel-Fidardo, points qui nous furent enlevés. Forcés aussi d'évacuer Camerano et Osimo, nous fûmes refoulés vers Ancône; nous prîmes position à la Montagnola et sur le mont Galeazzo.

Ibidem, (21 thermidor). Lahoz pousse ses avant-postes jusqu'auprès de Santa-Margarita. Le lendemain, les troupes russes et turques s'avancèrent sur la redoute de la Montagnola, et l'emportèrent après un combat qui dura quatre heures, et où quelques Français eurent à soutenir le choc de 5000 assaillans.

On aurait pu ajouter que, dans le nombre des 5000, il y avait 1000 Russes, soldats de ligne, troupes de débarquement, et que la Montagnola n'était qu'une hauteur qu'en peu de jours on avait couronnée d'un ouvrage de campagne à peine palissadé. Le général Lucotte, fit le plus grand éloge de la bravoure des troupes françaises, cisalpines et romaines, qu'il avait sous ses ordres, et de la conduite courageuse des capitaines-aides-de-camp Demoly, Madier et Zenardi, lequel eut un cheval tué sous lui, et de Decoquerel, capitaine-adjoint, qui le seconda parfaitement.

Nous avons suivi la division Monnier dans tous les combats et assauts qu'elle eut à soutenir ou à livrer dans les trois départemens du Tronto, du

Musone et du Metauro, pendant les mois de prairial, messidor, thermidor et fructidor. Nous allons à présent la contempler se défendant dans Ancône, depuis le 21 fructidor jusqu'au 25 brumaire suivant, jour où elle sortit avec tous les honneurs de la guerre.

Ici la scène change; il convient de faire connaître les principaux acteurs.

C'est le moment de parler de la formation de la *colonne infernale*. Le véritable palladium de la place d'Ancône assiégée, le petit corps d'élite qui a le plus contribué à sa défense, qui nuit et jour harcelait l'ennemi, qui exécuta les entreprises les plus hardies, celui qui moissonna le plus de lauriers, est sans contredit celui que forma le général Monnier, sous la dénomination de *partisans* d'abord, et auquel par suite, et en considération de son audace, il donna le nom de *colonne infernale*. Écoutons ce qu'en dit le commandant Girard :

« Depuis ce temps, l'ennemi poursuit le siége
» avec chaleur, et la *colonne infernale,* com-
» mandée par Le Couturier, dirigée par ses auda-
» cieux officiers, lui enlève et lui égorge toutes les
» nuits quelques postes. »

Tels étaient ses passe-temps, quand elle n'avait pas à coopérer à des actions générales et d'une plus haute importance.

M. Mangourit, aux pages 69, 70 et 71 de la 3e partie de son ouvrage, en fait un éloge plus

pompeux encore. « Cette seule colonne, dit-il,
» placée sur le sommet d'une redoute, l'aurait ren-
» due inviolable. » En a-t-on dit plus de la 10ᵉ légion de César ? le XIᵉ tome n'en a pas parlé. L'é-
crivain n'a pas soupçonné qu'elle ait existé.

« Le général, dit Girard, appelle des braves
» pour former une colonne infernale. Sur tous les
» corps qui se présentent à l'envi, il choisit cent
» guerriers. »

Effectivement l'intention du général était de ne
former qu'une compagnie de cent hommes. Il voulut la recruter dans ma compagnie. J'osai lui représenter avec respect, que mes carabiniers ayant
fait leurs preuves aux assauts d'Ascoli, de Macerata et de Fano, étaient tous dignes de marcher à
la tête des plus braves. Le même jour il réunit en
un petit corps d'élite ma compagnie, celle des
partisans, les compagnies de grenadiers et de chasseurs romains, et m'en donna le commandement.
C'est à la tête de cette colonne que Delage obtint
un sabre d'honneur, que Lèbre, aujourd'hui colonel en non activité, Regnier, aujourd'hui lieutenant-colonel de la légion des Hautes-Alpes, et
Witz, se distinguèrent, comme on le verra. C'est
à la tête de cette colonne que Munaut et Yegler
furent tués, et que je fus promu au grade de chef
de bataillon. Presque tous les officiers qui entrèrent dans sa formation obtinrent de l'avancement.
On appelait leurs brevets provisoires des condam-
nations à mort, car le général les donnait moins

comme une récompense des belles actions déjà faites, que comme un encouragement à en faire de plus belles encore.

À notre entrée dans Ancône le général Pino prit le commandement du Mont-Gardet, ayant sous ses ordres les Cisalpins. Le général Lucotte fut placé avec les 8e et 55e au fort des Capucins. Le chef de bataillon Gazan commandait déjà la citadelle, on lui donna quatre compagnies de la 16e pour garnison. L'aide-de-camp Gravier commanda à la porte de France; l'aide-de-camp Madier à la porte Farine. Le capitaine Decoquerel eut le commandement de la place; il fut plus tard remplacé par le chef de bataillon Boudin. Guérin de Sarcilly commandait le lazareth érigé en fort. Le général Monnier garda dans la ville le demi-bataillon de droite de la 16e légère, la compagnie auxiliaire et la cavalerie. La 62e et les Romains étaient aux portes et au lazareth. La colonne infernale était chargée de la garde des avant-postes extérieurs. Elle faisait le service sur le point le plus vulnérable de la place. Elle habita, pendant la durée du siége, dans les maisons éboulées du faubourg Farine, constamment en haleine, et prenant les armes à toute heure de jour et de nuit.

Cependant l'ennemi avait établi ses lignes d'attaque; il avait élevé à 600 toises de la place une batterie de 17 bouches à feu; les barques canonnières faisaient toutes les nuits d'inutiles tentatives sur le port, et incendiaient la ville : Lahoz

avait construit sur la gauche des redoutes formidables.

Page 325, le 18 août (1ᵉʳ fructidor). «Les insur-
» gés firent une attaque pour s'emparer du Monte-
» Pelago, tandis qu'une fausse attaque était diri-
» gée sur le Monte - Galeazzo. Le général sortit de
» la citadelle avec une colonne, et se porta sur le
» Monte-Pelago, tandis qu'un autre détachement,
» commandé par le capitaine Demoly, marchait
» sur le Monte-Galeazzo. Les troupes de Lahoz,
» qui s'étaient déjà emparées de deux postes, fu-
» rent attaquées avec impétuosité et poursuivies,
» la baïonnette dans les reins, jusqu'auprès de
» leurs ouvrages. Cet échec ne permit pas à l'en-
» nemi de renouveler ses entreprises avant le 28
» août. Ce jour-là, les assiégés repoussèrent encore
» avec succès les différentes attaques que les insur-
» gés avaient dirigées contre eux. ›

Sans m'arrêter aux détails de ces deux engage-
mens, j'ajouterai seulement ce que Girard ra-
conte, que l'audacieux Palombini, colonel des
dragons romains, enveloppé par les Russes, en
sabra deux et se dégagea; que le capitaine Schiassetti combattit en déterminé; que Demoly, avec
les carabiniers de la 16ᵉ, culbuta les troupes qui
occupaient les Monts Galeazzo et Pelago; que Gazan, maréchal-des-logis, frère du commandant
de la citadelle, se distingua; enfin, que nous fîmes
dix ou douze prisonniers.

Le chef d'état-major traite plus longuement le

combat du 10 fructidor, indiqué au XIe tome, sous la date du 28 août. Il cite encore Palembini, Decoquerel et Zenardi. Il nous fait connaître que ce jour-là, le lieutenant d'artillerie Miot fut promu au grade de capitaine, mérité par sa bravoure, ses talens et son zèle; que le sergent-major Corneil et le sergent Degain, tous deux du 1er régiment d'artillerie à pied, furent nommés lieutenans en second, en récompense de leur intrépidité. Brun, sous-lieutenant de la 4e légion romaine, fut fait lieutenant; Tirado, maréchal-des-logis des dragons romains, fut fait sous-lieutenant, et Lévrier maréchal-des-logis chef.

Page 326, 17 septembre (26 fructidor), attaque du Mont-Gardet. « Une colonne formidable vint » attaquer le Mont-Gardet. Le général Monnier » laissa l'ennemi arriver jusqu'aux palissades, mais » en même temps il dirigea une colonne pour le » tourner et l'attaquer par un de ses flancs, tandis » qu'il se chargeait lui-même de soutenir l'attaque » de front. Le mouvement ordonné réussit. Lahoz » perdit, dans cette échauffourée, presque toutes » les troupes qu'il avait employées à cette attaque, » mais cet avantage coûta fort cher aux assiégés. » Le chef de brigade Chavonet, le capitaine aide-» camp du général Pino, Espanet, plusieurs autres » officiers et un grand nombre de soldats français » et cisalpins furent tués. Le nombre des blessés » était considérable. » Ici l'imagination de l'écrivain grossit les objets. Il fallait effectivement pein-

dre ce combat à grands traits pour faire tuer un
chef de brigade, un capitaine et plusieurs autres
officiers, enfin, pour avoir un nombre considérable de blessés. Cette attaque nous coûta beaucoup moins cher qu'on ne le dit. Écoutons Girard : « L'ennemi s'avance en colonne jusques sous
» le Mont-Gardet : notre mitraille l'ébranle; une
» sortie, commandée par l'aide-de-camp Espanet,
» le culbute, le disperse. Espanet est blessé ! il est
» promu au grade de chef de bataillon, mais il
» n'en jouit pas; la division perdit un de ses braves
» officiers. » Espanet n'était pas aide-de-camp du
général Pino. Ce général avait pour aides-de-camp
Coste et Banco; tous deux se distinguèrent dans
cette action. Coste fut fait chef de bataillon, et
Banco capitaine. Courtois, adjudant de la 8ᵉ, fut
fait sous-lieutenant. On fit mention honorable de
Boblique, chef du 2ᵉ bataillon de la 16ᵉ légère,
et des capitaines Paris et Demoly.

Chavonet, lieutenant à la 16ᵉ, et non chef de
brigade, ne fut blessé à mort que dans l'affaire
du troisième jour complémentaire. Il fut promu
au grade de capitaine, et mourut huit jours après;
il fut frappé d'un biscaïen au genou, au moment
même où il causait et plaisantait avec l'aide-de-
camp Girard et moi. Je vois assez clairement dans
quelle source on a puisé. On aurait trouvé plus
d'exactitude dans le rapport officiel du chef d'é-
tat-major; il a moins cédé au sentiment d'une
affection particulière. Je dois toutefois rendre jus-

tice à M. Mangourit, en déclarant que ce n'est pas toujours lui qui induit en erreur les écrivains que je réfute. J'en relève beaucoup que M. Mangourit n'a pas commises; j'ignore d'où elles proviennent. Dans l'affaire du troisième jour complémentaire, Duclous, caporal de la 8ᵉ, fut nommé sergent; Dolet, chasseur au même corps, fut fait caporal.

« Que de braves, dit Girard, se sont illustrés » sur les monts Galeazzo et Pelago ! combien y ont » trouvé une mort glorieuse ! Que de fois les trou- » pes des 8ᵉ et 16ᵉ légères, 55ᵉ de ligne, la compa- » gnie auxiliaire, les Cisalpins, les Romains, la ca- » valerie même, furent se couvrir de gloire sur ce » théâtre de nos combats journaliers ! »

Cinq officiers de la 16ᵉ y ont péri. Munaut et Dunoguès, capitaines, Chavonet, lieutenant, Dimier et Yegler, sous-lieutenans.

Page 527, 24 septembre (3 vendémiaire an 8). « L'ennemi attaque de nouveau ces positions (les » monts Galeazzo et Pelago); l'aide-de-camp Ma- » dier, aujourd'hui colonel de la légion de l'Avey- » ron, mérita le grade de chef de bataillon en re- » poussant cette attaque avec quelques troupes de » la 4ᵉ légion romaine et la compagnie auxiliaire. » Valençon, chasseur de la 8ᵉ, fut nommé capo- » ral. »

Ibidem. 27 septembre (7 vendémiaire). Cette affaire est rapportée exactement au tome XIᵉ. L'aide-de-camp Gravier, commandant la porte

Farine, reçut trois balles qui lui cassèrent le bras.
Il fut remplacé dans son commandement par le
chef de bataillon de la 62e, Rotrou, bon et brave
officier. Girard ajoute : «Cadeot, caporal de la 16e,
» combattit corps à corps un officier russe, qu'il
» fit prisonnier dans ce combat singulier. Le gé-
» néral l'éleva au grade de sergent. Bourguignon,
» chasseur à la même demi-brigade, fut fait ca-
» poral. »

Page 528, 1er octobre (8 vendémiaire). «Lahoz
» renouvela en personne l'attaque du Mont-Gar-
» det. Le général Monnier dirigea sur ce point un
» renfort dont il donna le commandement au gé-
» néral Gazan. L'ennemi fut repoussé avec une
» perte considérable. Gazan, animé par le succès,
» s'obstina, quoique le but fût rempli. Il reçut
» deux coups de feu presqu'à bout portant, et
» tomba mort. Son corps allait devenir la proie
» de l'ennemi; le sergent Milton, de la 16e légère,
» et Halley, caporal de la compagnie auxiliaire,
» aujourd'hui capitaine, chef de bataillon de l'ex-
» jeune garde en non activité, se précipitèrent et
» arrachèrent le malheureux général des mains de
» ceux qui se préparaient à le dépouiller et à le
» mutiler. Gazan fut regretté de tous ses camarades,
» et remplacé dans le commandement de la cita-
» delle par le général Lucotte. »

Il y a encore ici erreur. L'intrépide Gazan,
enterré sous son mât de pavillon dans la citadelle
d'Ancône, est mort chef de bataillon, et non géné-

ral. Je fus l'ami de Gazan , qu'il me soit permis de jeter une fleur sur la tombe d'un des plus braves officiers de l'armée française, et de le disculper de la faute qu'on lui fait commettre en mourant. Il s'obstina, dit-on, quoique le but fût rempli. On pourrait croire qu'il compromit sa troupe. Non, il avait ordonné la retraite, elle s'effectuait en bon ordre, lorsque, poussé par un sombre désespoir, il rétrograda seul, et présenta sa poitrine aux coups de l'ennemi. Un noble trépas, que ses vœux appelèrent, termina sa glorieuse vie. Pourquoi un si grand cœur ne fut-il pas dirigé par une tête plus calme et plus réfléchie ! Mais j'ai peut-être imprudemment soulevé le voile dont on crut devoir couvrir la mort de l'impétueux Gazan. Son jeune frère aura sans doute hérité de sa bouillante ardeur et de son mâle courage. Il annonçait dès-lors d'heureuses dispositions, et donnait de belles espérances. Le nom de Gazan devait être illustré dans nos guerres de la révolution. Le lieutenant-général Gazan , dont le commandant d'armes de la citadelle d'Ancône n'était pas parent, a rendu ce nom historique.

Pag. 329, le 9 octobre (9 vendémiaire). Me voilà arrivé à la journée la plus mémorable de la défense d'Ancône; celle qui a eu les plus importans, les plus heureux résultats; celle qui a couvert de gloire sa faible garnison, et qui a fait présumer au général autrichien, baron de Frœlich qu'elle était composée de 10,000 hommes, quoiqu'elle comptât 15 à 1800 combattans, au plus. C'est dans le récit de cette action que je trouve des motifs particuliers de me plaindre d'inexactitude, je dirai même d'un déni de justice. Le général Monnier, pair de France, termina à Paris, il y a trois ans, sa glorieuse carrière; que ne puis-je invoquer son témoignage! Mais je m'appuierai sur le rapport rédigé sous ses yeux par son chef d'état-major, et approuvé par lui. D'ailleurs le récit de M. Mangourit, pag. 91° du II° tome, diffère peu de celui de Girard. Pourquoi est-il donc défiguré au tome XI° des *Victoires et Conquêtes?* Pourquoi supprime-t-on absolument mon rôle, qui fut le premier, et qui me valut le jour même une récompense éclatante, promise avant l'action? Lisons d'abord la pag. 329° du XI° tome. La citation serait longue, j'abrégerai.

« Le 9 octobre, à neuf heures du soir, Monnier
» mit ses troupes en mouvement, sur trois colon-
» nes, pour attaquer en même temps le camp des
» Autrichiens et celui des insurgés. La première
» colonne, celle de droite, aux ordres du général
» Lucotte, devait chasser les troupes de Lahoz de
» leurs retranchemens avancés et couvrir les opé-
» rations du centre en arrêtant les secours que
» l'ennemi pourrait envoyer de sa gauche. La co-
» lonne de gauche, commandée par le général Pino,
» devait suivre les bords de la mer, et enlever les
» redoutes de droite, défendues par les troupes de
» Lahoz. Enfin, la colonne du centre, *que com-*

» *mandait Monnier en personne*, devait atta-
» quer la division autrichienne et s'emparer, s'il
» était possible, de la grande batterie qui, depuis
» le commencement du siége, n'avait pas cessé de
» tirer sur la place. »

Arrêtons-nous là, et opposons le dispositif du chef d'état-major Girard.

« 600 Hommes sortent, avant le jour, sur trois
» points. La colonne infernale, formée des parti-
» sans, des carabiniers de la 16ᵉ, des grenadiers et
» chasseurs romains, commandée par le brave Le
» Couturier, doit attaquer le centre, et enlever la
» grande redoute, qui nous chagrinait le plus. »
Voilà le but de la sortie bien indiqué : attaquer le centre et enlever la grande batterie. « Le géné-
» ral Monnier anime cette colonne par sa pré-
» sence. »

Je le demande à tout militaire : animer une colonne par sa présence, est-ce la commander en personne ? « La colonne de droite, commandée
» par le général Lucotte, et formée des troupes de
» la 16ᵉ, doit débusquer l'ennemi de ses boyaux et
» couvrir l'opération du centre, en arrêtant les se-
» cours qui viendraient de la gauche de l'ennemi.
» Celle de gauche, composée des troupes de la 8ᵉ
» et des Cisalpins, dirigée par le général Pino, suit
» les bords de la mer pour enlever les redoutes de
» la droite de l'ennemi. »

Le récit de M. Mangourit, quant au dispositif, est calqué sur celui de Girard, à l'exception de ce changement qu'il lui a plu de faire : La colonne du centre, *dirigée par le général Monnier en personne,* quoiqu'il dise plus haut : le brave Le Couturier *commanda la colonne infernale.* N'est-il pas maintenant assez évident, que le point principal de l'attaque était le centre, que les colonnes de droite et de gauche ne devaient que seconder, appuyer l'opération du centre. N'est-il pas hors de doute que j'étais destiné à enlever la grande redoute qui nous chagrinait le plus? Peut-on dire que le général Monnier commandait *en personne,* tandis qu'il était en arrière de moi, en observation, au poste de la chapelle brûlée, à la tête de quelques compagnies de la 16e, placées là pour protéger ma retraite au besoin? N'est-ce pas pour cela que le chef d'état-major s'est servi de ces mots : *animait cette colonne par sa présence?* N'aurait-il pas aussi bien employé l'expression : commandait *en personne,* si sa véracité ne l'avait pas improuvée et rejetée?

Disons la vérité toute entière; elle ne peut offenser personne. Le général Monnier me fit appeler dans la soirée, et me dit : Vous êtes capitaine depuis sept ans, vous m'avez rendu de grands services depuis six mois, je veux vous faire chef de bataillon. Mais il faut, pour motiver une semblable promotion, une action d'éclat; ce soir je vous fournirai l'occasion d'en faire une. Vous attaquerez le camp autrichien, et vous forcerez sa grande redoute, s'il est possible. Je n'exige pas

que vous réussissiez complétement, l'opération
est difficile, il sera toujours beau de l'avoir ten-
tée (1). Continuons le récit :

« Le mouvement des colonnes s'exécuta dans
» le plus grand ordre, la charge ne fut battue qu'à
» vingt pas de l'ennemi. La grande redoute fut en-
» levée après trois assauts consécutifs par la colonne
» de Monnier; 7 canons et 2 mortiers furent en-
» cloués, et les Français prirent 7 drapeaux autri-
» chiens. »

Le chef de bataillon Girard donne absolument
les mêmes détails, et dans les mêmes termes. Mais
il dit simplement : « Sa grande redoute, après trois
» assauts consécutifs, fut forcée. » Pourquoi le XIe
tome ajoute-t-il, de sa pleine autorité, *par le général Monnier ?* C'est parce qu'il a jugé à propos
de supprimer mon nom en tête du récit.

---

(1) M. Mangourit, auquel j'ai communiqué mon ma-
nuscrit, était présent à cet entretien. Il vient de me dire
que, me voyant sortir de l'appartement du général, il jeta
sur moi un regard d'attendrissement et d'intérêt, et que
ces mots lui échappèrent : *Voilà une victime que le général dévoue à la mort.* Si on me chargea d'une opération aussi importante que hasardeuse, c'est qu'on ne voulut
pas exposer une tête plus chère.

M. Mangourit demeure à Paris, rue de Bourbon, n° 75.
Le témoignage de ce vénérable vieillard ne peut pas paraître suspect. Je m'explique assez franchement sur son
ouvrage; mais *amicus Plato, magis amica veritas.*

M. Mangourit copie Girard mot pour mot, et souligne. Veut-on savoir comment l'opération fut conduite, je vais le raconter :

Nous nous jetâmes dans la première parallèle de l'ennemi ; nous en délogeâmes les Croates, en leur lançant des grenades qui éclataient dans leurs rangs ; nous parvînmes, sans beaucoup de difficultés, à la seconde ligne. Là nous étions à vingt pas de la redoute de l'ennemi, qui faisait pleuvoir sur nous une grêle de balles, de boulets, d'obus et de mitraille. Le ciel était en feu ; la nuit la plus noire n'était éclairée que par une lumière bleuâtre qui intimidait les plus déterminés. Devant nous se trouvaient de larges abatis. Trois fois j'entraînai ma troupe hors des boyaux dans lesquels elle était un peu à l'abri ; trois fois elle fut repoussée. J'envoyai prévenir le général qu'il me paraissait impossible de vaincre les difficultés. Il me fit répondre par Girard qu'il m'engageait à faire un dernier effort, et que, s'il était infructueux, il me donnerait dans cinq minutes le signal de la retraite. C'est alors que, m'irritant contre les obstacles, je me glissai sous les abatis, et que je criai : *A moi, carabiniers, je suis dans la redoute.* Les carabiniers, entendant et reconnaissant ma voix, trompés par ma ruse, s'élancent simultanément, renversent, culbutent tout ce qui s'oppose à leur ardeur, et arrivent à la redoute. Le caporal Beierma y pénètre par une embrasure, d'autres escaladent les parapets, d'autres entrent en déran-

geant les chevaux de frise; on combat à la baïonnette, la mêlée est horrible, l'ennemi cède, saute
dans les fossés, et nous restons maîtres de la redoute. Nous enclouons les neuf bouches à feu,
elles étaient d'un trop fort calibre pour les emme-
ner à bras; nous prenons un drapeau. L'ennemi fut
mis dans une telle confusion, dans une si grande
déroute, qu'il abandonna ses positions, et n'osa
les reprendre que lorsque le soleil trahit le petit
nombre des troupes qui l'avaient vaincu.

La rentrée de la colonne infernale dans Ancône
fut une pompe triomphale : chacun nous félici-
tait, nous embrassait. Le général, à l'instant même,
me reconnut chef de bataillon. Je demandai et
j'obtins le grade de capitaine pour l'intrépide lieutenant Delage, blessé. Par suite il fut doublement
récompensé du courage qu'il déploya dans ce
combat : il reçut, en l'an 10, un sabre d'honneur.
Je fis donner le grade de lieutenant au sous-lieutenant Witz, courageux et instruit; celui de sous-
lieutenant au sergent-major Gœury; celui de sergent au caporal Moreau, qui eut la cuisse cassée;
enfin, celui de caporal à Beterma, carabinier.
Tous ces militaires étaient de la 16e légère, et de
ma compagnie.

Pourquoi attribuer au général Monnier l'honneur d'une action que j'eus le bonheur de faire
moi-même? Cet officier-général a-t-il besoin, pour
agrandir sa renommée, de me faire un pareil
larcin? Un général en chef est la tête d'un corps

d'armée, les soldats en sont les bras; ce que le général a conçu, les troupes l'exécutent. Les généraux doivent-ils, pour arriver à la célébrité, prouver qu'ils ont marché les premiers à l'assaut d'un fort? Ce mérite est celui d'un capitaine de grenadiers, et souvent ses soldats osent le lui disputer. Je sais que, dans des momens d'hésitation, un général doit décider, enlever sa troupe, et qu'il faut alors payer de sa personne. C'est le grand Condé jetant son bâton de commandement dans les lignes de Rocroy, ou, c'est le général de division Augereau saisissant un drapeau, passant au galop le pont d'Arcole, et entraînant à sa suite ses grenadiers étonnés. Mais ces actes solennels de dévouement sont rares : et à Ancône Monnier n'eut pas l'occasion de se dévouer. La division avait plus besoin de frein que de stimulant; elle n'aurait pas vu avec plaisir que son commandant en chef s'exposât; elle sentait qu'il importait de le conserver. Le général Monnier alliait la bravoure aux talens militaires; il a été présent partout où on a tiré l'épée; partout il s'est montré général, et non simple soldat. Il savait commander, et nous savions obéir. Sa portion de gloire est grande, la postérité la lui fera : qu'on rende donc aux autres la petite part qui leur revient. Si on ne veut pas que j'aie enlevé la grande redoute de l'ennemi, qu'on démente donc MM. Girard et Mangourit, qui disent : « Les troupes se couvrirent de gloire. » Le général promut au grade de chef de bataillon

» le courageux Lé Couturier, capitaine des carabi-
» niers de la 16ᵉ, officier distingué par sa bravoure
» et son sang-froid. » Si on ne veut pas que je l'aie
emportée cette batterie, qu'on retire donc de mes
mains le brevet ministériel qui porte, à la colonne
des actions et blessures : Le 9 vendémiaire an 8,
à la tête de 250 hommes, il prit une redoute défendue par 500 hommes, enleva neuf bouches à
feu, et prit un drapeau (1).

Terminons le récit de cette journée.

Les colonnes de droite et de gauche, commandées par les généraux Lucotte et Pino, obtinrent
les succès qu'on attendait de leurs efforts. Zenardi
arrêta avec 100 hommes une colonne turco-russe
quatre fois plus forte.

Le général Lucotte fit les plus grands éloges de
la conduite intrépide de Decoquerel, de Gout,
alors lieutenant, aujourd'hui colonel d'état-major;
de Lange, capitaine, et Lazarini, lieutenant, tous
deux de la 3ᵉ légion romaine.

Le général Pino parla avec avantage de la bravoure qu'avait déployée Fontanelli, chef de bataillon cisalpin; Bonelli, lieutenant; Bassoni, *idem;*

---

(1) Je sais qu'on a mauvaise grâce à dire du bien de
soi-même; mais je me plains d'un déni de justice, il faut
bien que je prouve qu'on ne m'a pas rendu justice. Je ra-
conte toutes les actions, je dois donc aussi raconter les
miennes.

et le Busson, sous-lieutenant de la légion cisalpine ;
Degain, et les canonniers qu'il commandait, se
distinguèrent. Ces artilleurs marchaient sous mes
ordres, munis de clous et de maillets pour en-
clouer les pièces, si nous parvenions à forcer la
redoute.

C'est par erreur qu'on fait mourir Lahoz dans
l'action ; il ne mourut que trois jours après à Va-
rano : on ne l'*acheva* donc pas à coups de sabre.
J'en demande pardon à ceux qui se servent de ce
mot mal sonnant. Il est vrai qu'on s'est trompé
avec Girard lui-même, et non avec M. Mangourit,
mieux informé. Les Français font la guerre géné-
reusement ; ils n'achèvent pas un ennemi terrassé
et désarmé, pas même un transfuge : j'en pourrais
citer plus d'une preuve.

Balbi, grenadier cisalpin, fut élevé au grade
de sergent, pour avoir rapporté le sabre et le pa-
nache du général en chef des révoltés. Mais il les
ramassa sur le champ de bataille. On assura, dans
le temps, que Lahoz était à cheval, et qu'il ne
fut point désarçonné, quoique blessé mortelle-
ment. Aussi, la conversation entre les généraux
Lahoz et Pino m'a toujours paru un peu fabu-
leuse.

Page 333, 2 novembre (12 vendémiaire). « Quatre-
» vingts bouches à feu commencèrent un feu ter-
» rible sur les forts et sur la ville ; bientôt après,
» tous les postes avancés furent attaqués, et les
» Français qui les défendaient, repoussés jusque

» sous les murs de la place. Le général autrichien
» déploya alors la plus grande partie de ses forces.
» 1500 hommes, exténués par un service conti-
» nuel, pendant l'espace de trois mois et demi
» qu'avait duré le siége, eurent à se défendre
» contre plus de 10,000 hommes de troupes régu-
» lières. »

Je passe les détails pour abréger la citation ;
j'arrive au résumé :

« Généraux, officiers et soldats, tous s'étaient
» conduits en héros. Le lieutenant des hussards
» volontaires, Dulong, qui, atteint de deux coups
» de feu, continua de combattre jusqu'à ce qu'il
» eût reçu une troisième blessure assez grave pour
» le forcer à quitter le champ de bataille ; un ca-
» poral de la 8ᵉ légère, nommé Ponseff, et le tam-
» bour de la 16ᵉ, nommé Jean-Louis, furent par-
» ticulièrement cités dans le rapport du chef d'é-
» tat-major comme ayant donné des preuves plus
» remarquables de leur valeur. »

Puisqu'on parle ici du rapport du chef d'état-
major, on le connaît donc ? Dans ce cas, j'ai
lieu de m'étonner qu'on ne cite que trois
noms, quand le chef d'état-major en cite cinquante, et je dois dire aussi que, sur les trois citations, les deux dernières ne sont pas heureuses.
En vérité, il y a une affectation un peu marquée :
le lecteur en jugera, car je citerai le rapport entier. Comment, dans une journée où, généraux,
officiers et soldats, tous se sont conduits en héros ;

dans une journée qui valut de l'avancement à dix-sept officiers, qui fit élever cinq sous-officiers au grade d'officier; dans une journée où trente autres braves de tous grades obtinrent une mention honorable, et s'ils n'eurent que cette seule récompense, la raison en fut qu'ils avaient antérieurement reçu une augmentation de grade, et que le général ne pouvait pas leur en donner tous les jours; dans cette journée, dis-je, on ne trouve que trois citations à faire? Et peut-être c'est beaucoup, car on n'en a fait aucune dans la journée du 9. Que de réflexions se présentent à l'esprit!

Réparons, avec le chef d'état-major, le tort qu'on a envers les militaires oubliés involontairement, je veux bien le croire.

« Le 12, dit-il, nous trouve encore victorieux.
» Cette journée est la plus glorieuse du siége d'An-
» cône. L'ennemi, à la pointe du jour, déploya
» toutes ses forces, et 1600 Français eurent à
» combattre dehors et à se défendre au-dedans
» contre au moins 10,000 hommes acharnés et
» résolus à enlever de vive force nos positions. La
» colonne infernale sort par la porte Farine, pour
» soutenir le Mont-Gardet, que menaçait la co-
» lonne ennemie qui suivait la route à droite. Pa-
» lombini, Bouin, Demoly, Mathieu, Gout, Re-
» gnier, Munaut, Lange, se précipitent à la tête
» de quelques braves; la Maison-Brûlée et Santo-
» Stephano sont enlevés; les colonnes autrichiennes,

» fuient. Le général Lucotte fait sortir de la cita-
» delle un détachement commandé par son aide-
» de-camp Zenardi, qui repousse les audacieux
» qui s'étaient avancés jusque sous les murs, et en
» tue quinze à vingt. Pendant ce temps, le poste
» de la Maison-Brûlée fut pris plusieurs fois par
» 400 Croates, et toujours repris par l'aide-de-camp
» Demoly, ayant avec lui les carabiniers de la 16ᵉ.
» Le capitaine Munaut, le sous-lieutenant Yegler
» et le sergent-major Beauve y furent tués. Le ca-
» pitaine-adjoint Mathieu, qui combattit toute la
» matinée courageusement, le fusil à la main, y
» fut blessé au bras d'un coup de feu.

» L'ennemi s'avançait vers le Mont-Gardet pour
» l'enlever de vive force. Le général Pino, qui y
» commandait, en fit descendre une colonne, qui,
» se réunissant à la colonne infernale commandée
» par Delage, et dirigée par le chef de bataillon Le
» Couturier, attaque vivement l'ennemi, qui, fré-
» missant de rage, fait un feu terrible, et se retire
» dans sa ligne.

» Les Russes et les Turcs s'obstinaient encore à
» s'approcher de la porte de France, que la cita-
» delle dominait. Le général Lucotte fait de nou-
» veau sortir Zenardi avec 60 hommes; il les re-
» pousse à coups de baïonnettes : la nuit sépara
» les combattans, et les troupes se retirèrent.

» Toutes les troupes firent des prodiges de va-
» leur. Chaque soldat fut un héros. La perte de
» l'ennemi fut évaluée à 800 hommes; on lui fit

» 5o prisonniers, dont un officier; le tiers de son
» artillerie fut démonté; il ne gagna pas sur nous
» un pouce de terrain. »

Le général voulut s'acquitter, au nom de la
patrie reconnaissante, d'une dette sacrée, en ré-
compensant l'intrépidité et les talens.

Il nomma, sur le champ de bataille, au grade
de général de brigade romain, Palombini, colonel, bon officier, intrépide militaire, distingué
par ses qualités, qui reçut un coup de feu à
l'épaule.

Au grade de chef de bataillon, l'aide-de-camp
Demoly, l'aide-de-camp Zenardi, et le capitaine
Lange, qui, si souvent, se firent distinguer par des
actions d'éclat.

Au grade de capitaine, Lèbre, lieutenant de la
16e; Gout, de la 11e; Taquin, de la 8e; Régnier,
de la 4e légion romaine; *Dulong*, des hussards
volontaires, blessé de trois coups de feu (c'est
aujourd'hui M. le comte Dulong, lieutenant-général, commandant une compagnie de gardes-du-
corps), qui combattirent avec courage.

Au grade de lieutenant, Jasseret, adjudant de
la 16e; Riva et Maximin, sergens des Romains.

Au grade de sergent, Letellier, fourrier; Du-
pin, Suret, caporaux de la 16e; *Ponséff*, de la 8e,
qui reçut cinq coups de feu : au grade de maréchal-des-logis, Denain, hussard.

A celui de caporal, *Jean-Louis*, tambour de
la 16e, qui d'une main battait la charge, de l'autre

faisait feu; Alexis et Morira, volontaires auxi-
liaires; et Cœur-d'Amour, partisan.

Le général Pino éleva au grade de capitaine
cisalpin, Bonelli, Rivara et Loricelli, lieutenans;
à celui de lieutenant, Ghiacci et Bussoni, sous-
lieutenans; à celui de sous-lieutenans, Gaston et
Potier, sergens; au grade de sergent, Ribe, caporal.

Girard ajoute : « On doit les plus grands éloges
» à la conduite courageuse des chefs de bataillon
» Le Couturier, Boudin, Madier; des capitaines
» de la 16e, Dunoguès (tué), Delage, Midon; des
» lieutenans de la 16e, Witz, Legras, Lesage et
» Wonalm (blessé); du lieutenant Malpey, de
» la 8e; du sous-lieutenant de la 55e, Casaubon;
» des lieutenans Bel-Amour et Bouillé (blessé),
» des Romains; des sergens Brémont, Lasale,
» Segriste, Fournier, Loyau, Blancard et Maille;
» des caporaux Désolé, Léguin et Spada; et des
» chasseurs Launé, Sernon, Daralon, Mercau,
» Heller et Ramicau.

» L'artillerie donna de nouvelles preuves de sa
» bravoure. »

Certes, voilà une longue et très-longue no-
menclature; on a jugé à propos de n'en extraire
que trois noms !

Dans cette terrible journée de la commémora-
tion des morts, nous perdîmes 130 hommes, dont
30 officiers; la 16e seule en perdit quatre. Si on

était étonné de voir 3o officiers tués contre 1 oo soldats, je dirais, ce qu'on a omis de dire, que le
dévouement des officiers était si grand, que tous
ceux des dépôts, inoccupés et sans troupes, sor-
taient avec le fusil et la giberne, et se mêlaient dans
les rangs des tirailleurs. On vit dans cette journée
les malades sortir de l'hôpital pour venir prendre
part au combat.

A l'heure où la trève convenue pour ensevelir
les morts expira, les Croates s'avancèrent, à la
faveur de la nuit tombante, pour s'emparer des
masures du faubourg Farine et s'y loger, le général Monnier ne put pas trouver vingt hommes
disponibles à leur opposer, tant la troupe était
fatiguée et disséminée ! Il me chargea de réunir
quelques officiers, et de défendre l'approche de
ces décombres jusqu'à ce qu'il pût m'envoyer un
faible détachement. J'y marchai effectivement avec
douze à quinze officiers armés de fusils. Nous fîmes
feu par les fenêtres et par les portes. Nous décou-
rageâmes les Croates, qui renoncèrent à s'y loger.
Une heure après, une grand'-garde vint nous re-
lever, et prendre poste pour la nuit. Voilà des
traits qui honorent les officiers français, dont la
France a peut-être seule fourni des exemples, et
qui ne devraient pas être passés sous silence. A la
vérité, la faute vient de Girard, à qui ce fait a
échappé; mais il avait tant à dire et il a tant dit,
qu'on peut lui pardonner quelques oublis. Je vais

encore ici en réparer un , en parlant d'une sortie qui se fit dans les premiers jours du siége, et que l'impétueux Gazan commanda.

L'ennemi avait déjà élevé contre la citadelle une batterie qui importunait Gazan ; elle était placée sur la route de Loretto, aux quatre chemins.

Gazan résolut de la détruire. Il demanda au général Monnier l'autorisation de sortir de nuit avec un fort détachement de la 16ᵉ, et il pria le général de lui prêter les carabiniers pour cette expédition qui fut malheureuse, puisqu'elle n'attint pas son but ; mais dans laquelle les troupes firent preuve d'un sang-froid et d'un dévouement admirables.

A minuit j'étais arrivé à la citadelle, et un détachement de 200 hommes m'attendait sous les armes. Gazan part à notre tête. Nous devions marcher sans bruit, essuyer la fusillade des avant-postes ennemis, sans riposter, et faire un assez long circuit pour tourner l'ouvrage qu'on se proposait d'enlever. Notre guide nous égara, et après avoir long-temps erré dans l'obscurité, à travers les vignes, nous nous reconnûmes ; mais nous étions à trois milles d'Ancône, près de l'arc de triomphe sur la route de Loretto. La ville et les assiégeans étaient loin derrière nous. Gazan était furieux. Ne pas rentrer en ville, on nous soup-çonnerait d'avoir passé à l'ennemi. Chercher notre salut dans l'Italie, les Français l'avaient perdue, nous ne pouvions rencontrer que des ennemis. Marcher sur le camp c'était courir à une mort certaine. Nous savions que la tête des prisonniers français tombait sous le damas des Esclavons, et que les bandes de Lahoz inventaient des supplices inouis pour faire expirer leurs victimes dans les souffrances affreuses d'une longue agonie. Exemple le massacre atroce d'un caporal de la 16ᵉ à Macerata. Nous préférâmes cependant la mort et toutes ses horreurs au déshonneur, à l'infamie. Après une courte harangue, Gazan nous forme en colonne. Nous prenons la route d'Ancône; chemin faisant, nous égorgeons, sans bruit, les arrières-gardes du camp que nous trouvons endormies. Nous arrivons en vue des lignes à l'aube du jour; ne prenant alors conseil que du désespoir, nous nous précipitons à travers les tentes; les soldats à demi-éveillés, tirent sur nous des coups mal ajustés. Nous essuyons quelques coups de canon à mitraille, et nous touchons, hors d'haleine, les murs du fort où commandait Gazan. Dans cette espèce de sauve qui peut, nous ne perdîmes que quelques hommes. Je regrettai beaucoup mon caporal Hoffmann, véritable modèle d'un courage froid et imperturbable, et d'une obéissance passive. Le capitaine Midon fut atteint d'une balle à la hanche. Gazan, frémissant de colère, voulait remonter à la redoute; mais l'ennemi était sur ses gardes; le jour commençait à poindre; nous étions découverts, il fallut renoncer à notre entreprise et rentrer assez humiliés, sans être blâmables.

Reprenons le fil des événemens :

Le 20 brumaire, à la pointe du jour, toutes les batteries ennemies tirent de nouveau sur les forts et sur la ville; mais cette canonnade, commencée pour nous amener à une capitulation, fut interrompue par l'arrivée d'un parlementaire qui venait pour la quatrième et dernière fois, nous sommer de rendre la place.

« Si le général Monnier, dit-on, n'eût écouté » que son sentiment particulier, il n'aurait pas » répondu à cette sommation. »

Je ne vois pas trop pourquoi on suppose que le sentiment particulier de notre général était de ne rien écouter, de ne rien entendre? Monnier présida le conseil défensif auquel j'assistai, comme tous les chefs de corps. Il reconnut le premier que nous n'avions plus de moyens de prolonger notre héroïque défense : il reconnut avec le commandant de l'artillerie, Triboullois, avec le chef du génie, Pigny, avec le commissaire des guerres, Martin, qu'il n'existait de poudre que pour une demi - journée d'attaque un peu chaude, 15 milliers; que la plupart de nos pièces étaient démontées, que nos forts, battus en brèche, s'écroulaient; qu'il n'y avait plus que pour quinze ou dix-huit jours de vivres, à demi-ration, en pain et en légumes secs seulement; devait-il s'obstiner à défendre plus long-temps une place si dénuée de munitions de guerre et de bouche ? Fallait-il attendre que l'impérieuse nécessité nous forçât de nous rendre à discrétion ? Cependant chaque membre du conseil gardait un morne silence. Il répugnait à un brave d'émettre le premier l'opinion d'entrer en pourparler, de prononcer le mot de reddition. Le commandant de la place, Boudin, voulait s'ensevelir sous les ruines d'Ancône. C'est alors que, croyant pouvoir parler plus censément, sans être taxé de pusillanimité, je pris la parole pour combattre Boudin. L'avis que j'ouvris, secrètement partagé par tous les membres du conseil, passa à l'unanimité, et il fut décidé qu'on répondrait à la sommation. Je crois que c'est à la franchise de mon discours que je dus l'honneur d'être du nombre des commissaires qu'on députa vers le général en chef Baron de Frœlich, pour connaître ses intentions, en cas que nous consentissions à traiter.

La capitulation d'Ancône, si honorable, si célèbre, qui contenait des articles tellement insolites et inouis, que l'histoire n'en présente pas de semblable, est relatée en entier dans le XIe tome des *Victoires* et *Conquêtes*. N'aurait-on pas pu dire, avec le chef d'état-major, Girard : « Le général Lucotte, le consul français, Mangourit, le chef d'état-major Girard, et le chef de bataillon, Le Couturier, commandant la colonne infernale, furent chargés de conférer avec le chef d'état-major de Schall ? »

Ceux dont les mains érigèrent un si beau tro-
phée à la gloire de la division d'Ancône, devaient,
ce me semble, être nommés. Leur confier cette
importante mission, c'était assez les distinguer. Ils
avaient à débattre ses plus chers intérêts, ceux de
sa liberté et de ses propriétés. Sans doute le général
reconnaissait en eux un second genre de mérite
non moins appréciable que celui de la bravoure.

Quant à moi, qui me fais un devoir de rendre
à César ce qui appartient à César, j'avoue avec
ingénuité, que je ne fus dans cette commission
qu'auditeur bénévole. Notre belle capitulation
est l'œuvre de M. Mangourit, Il l'avait élaborée
dans son cabinet, il la présenta avec hardiesse.
Hardiesse est le mot, car elle contenait un article
inadmissible, tant il était injurieux pour les al-
liés des Autrichiens. L'habileté diplomatique du
commissaire des relations commerciales triompha
des résistances, et le général autrichien signa sa
condamnation. Cet acte de faiblesse lui valut une
disgrâce.

On ne sera peut-être pas fâché que je retrace
ici en peu de mots notre sortie d'Ancône, notre
marche de soixante-quinze jours à travers l'Italie,
devenue la conquête des Autrichiens et des
Russes, et notre arrivée aux avant-postes de l'armée, commandée par le général Suchet devant
Gênes. Nous avions refusé de capituler avec les
diverses nations qui, alliées aux Autrichiens,
avaient réuni leurs efforts pour nous faire suc-

comber. Nous étions conséquemment censés en
état d'hostilité avec elles. Il devenait difficile de
sortir sans être attaqués et poursuivis. Nous devions traverser le camp des Albanais, qui cou-
vrait les hauteurs de la porte de France. Il fut
décidé que nous conserverions nos armes pendant la première marche. Les Autrichiens parais-
saient peu disposés à repousser par la force l'a-
gression des Ottomans. Nous nous chargeâmes de
ce soin, si la nécessité s'en présentait. A cet effet,
nous nous formâmes en colonne, composée mi-
partie de Hongrois ou Croates, mi-partie de Français. Il était assez curieux, assez étrange de voir
les capteurs et les captifs mêlés ensemble, mar-
chant sous les mêmes drapeaux, au son des ins-
trumens guerriers, et ne formant qu'un même
corps prêt à combattre pour la même cause. Les
Turcs, bien conseillés, furent prudens; ils ne
prirent pas les armes; ils regardèrent passer la
colonne; cependant, au moment où les bagages
défilaient, ils firent quelques démonstrations
hostiles, mais les hussards autrichiens les répri-
mèrent à temps. Il n'y eut que deux ou trois voi-
tures de pillées.

Arrivés à Fiumegino nous dûmes rendre les
armes. C'est un sacrifice bien pénible pour des
guerriers qui en ont fait un bon usage; les nôtres
ne purent s'y résigner. Ils brisèrent leurs fusils, et
les Autrichiens, si souvent témoins de leur valeur,
excusèrent ce petit mouvement de mauvaise hu-

meur. Heureusement aucun bataillon n'avait de
drapeau à remettre. Ils laissèrent aux officiers, en
exécution de la capitulation, armes, chevaux et
bagages; aux sous-officiers leurs sabres; aux sous-
officiers et soldats leurs havresacs, ou porte-man-
teaux; à 3o carabiniers de la 16e, pour la garde
d'honneur du général en chef, fusils, sabres, gi-
bernes et 3o cartouches par homme, à 15 hussards
volontaires leurs armes et leurs chevaux. Après
notre désarmement, nous paraissions encore armés. Le bataillon Croate et les escadrons de Barco,
chargés de nous conduire, étaient plutôt destinés
à nous protéger contre les insurgés, qu'à nous
surveiller et à nous empêcher de déserter. Empêcher les désertions ! Nos soldats n'avaient garde de
déserter, ils revenaient en France, prisonniers sur
parole, jusqu'à parfait échange.

Le général Monnier commanda le transport
pendant toute la route, le commandant de l'es-
corte autrichienne prenait ses ordres. A Fano, à
Pezzaro, à Césena, à Faenza, des milliers de révoltés voulurent faire main-basse sur nos équi-
pages. Nos soldats, en agitant leurs bâtons, les
firent fuir et rentrer dans les montagnes de l'Apen-
nin, d'où ils observèrent la marche de la colonne.
A Pavie le général Mélas, au mépris de notre capitulation, nous menaça de nous envoyer [illegible]
niers de guerre dans les États héré[illegible]
triche. Des ordres étaient don[illegible]
rétrograder par le [illegible],

nous protestâmes contre l'infraction de notre capitulation, nous déclarâmes que nous nous ferions égorger plutôt que de consentir à rétrograder. Les officiers de l'armée de Souwarow, et les émigrés français du régiment de Bussi, avec lesquels nous fraternisâmes pendant les dix jours de notre séjour à Pavie, furent les premiers à nous exhorter à ne pas céder. Enfin, l'ordre de nous rendre par la Bocchetta à Gavi fut donné, des soldats français nous tendirent les bras sous les remparts de ce fort, nous foulâmes le sol de la patrie quelques jours après en passant le pont du Var. La brave garnison d'Ancône se sépara, elle reste toujours unie par le souvenir de sa gloire, et par les vœux qu'elle fait pour la prospérité d'une nation dont elle a si vaillamment défendu la bannière sur les bords de l'Adriatique.

C'est pour votre gloire, comme pour ma satisfaction personnelle, que j'ai pris la plume, militaires de tous grades, qui combattîtes à Ancône, et dans les trois départemens qui formaient cette division ! Lisez le récit de vos hauts faits, il enflammera votre imagination, il réchauffera votre cœur, il vous disposera à de nouveaux actes d'héroïsme, si le clairon des combats venait encore à se faire entendre. *Et olim meminisse juvabit.*

A l'exemple de M. Mangourit, je joindrai à mon récit le tableau chronologique des actions par lesquelles se sont particulièrement illustrés les militaires de la division d'Ancône, relevé fidèlement du rapport historique du chef d'escadron Girard, chef d'état-major de la division. Chacun connaîtra les motifs des citations et des promotions, chacun sera à même d'apprécier l'importance des actions, la valeur des services rendus; on verra dans quelle position le militaire dénommé aura été placé, et on prononcera sur les noms que le torrent de l'oubli devait entraîner. Tous ne pouvaient pas surnager. Les auteurs du livre des *Victoires et Conquêtes* se sont proposé de renfermer dans vingt volumes à peu près tous les faits d'armes qui se sont passés dans le cours de vingt-trois ans de guerre. Ils ne pouvaient donc pas copier littéralement les journaux du temps, les bulletins et les rapports. Ils sont obligés d'extraire, d'analyser de résumer. Mais ils devaient, ce me semble, commencer par contempler l'ensemble d'un tableau, tâcher d'en saisir les traits les plus saillans, et les rendre fidèlement dans leurs croquis. C'est peut-être ce qu'on peut leur reprocher de n'avoir pas fait dans la description du siége d'Ancône. Ils se sont complaisamment arrêtés sur certains détails, et ils n'ont pas donné assez de développement aux faits principaux. Sur vingt noms cités dans une journée, ils en ont conservé un à leur choix. Cependant le tableau chronologique, qu'ils avaient sous les yeux, leur désignait assez ceux qui devaient être choisis. Le plus marquant dans une action est toujours le premier inscrit, c'est celui qui a été le principal agent; pourquoi, au préjudice du principal acteur, s'arrêter aux secondaires? Pourquoi s'attacher de préférence à citer des hommes qui avaient disparu avant le commencement du siége, d'autres qui n'ont brillé que dans une action d'un faible intérêt, d'autres qui, par la nature de leurs fonctions, n'ont jamais rien eu à diriger, ni à commander; tandis qu'on passe sous silence les noms de ceux qui ont servi, avec la même activité, le même courage et la même distinction, depuis le premier jusqu'au dernier jour du siége, qui ont pris part aux opérations les plus mémorables, et qui se sont fait remarquer par une bravoure journalière et un dévouement soutenu? Je suis bien éloigné de dire qu'on ne devait pas mettre en évidence ceux qu'on y a mis, mais on devait encore moins cacher les autres derrière le rideau; ils devaient au contraire paraître sur le premier plan.

On ne peut s'empêcher de dire qu'on n'a guère cité que les officiers généraux et ceux de l'état-major; mais les généraux ne font pas la guerre avec les officiers de l'état-major seulement. Le nom du général en chef devait se lire partout; il a été le premier moteur de toutes nos actions: mais c'est directement parce que tout l'honneur lui était dû qu'il ne devait éclipser aucune gloire particulière.

Le général Lucotte a été le digne lieutenant de

notre commandant en chef. Sa réputation est trop au-dessus de celle des officiers d'un grade inférieur pour qu'elle doive en affaiblir l'éclat.

Le brave général Pino, né dans le Milanais, et aujourd'hui lieutenant-général au service d'Autriche, officier qui aurait illustré les beaux temps de la chevalerie, dont les mœurs étaient aussi douces que sa valeur était calme et réfléchie, a été l'objet de l'admiration de la division; elle ne peut qu'applaudir à l'éloge constant qu'on a fait de lui.

Le colonel Palombini, fait général romain dans le dernier combat, devait à juste titre être classé avec ses pairs les chefs de corps, dont aucun n'a été nommé.

Parmi les officiers d'état-major, Girard et Demoly ont incontestablement tenu le premier rang. Girard, historien du siége d'Ancône, n'avait rien dit de lui-même, raison de plus pour en dire beaucoup. Il avait rendu justice à son collègue Demoly, il ne pouvait trop lui en rendre. Demoly méritait d'être surnommé le brave des braves. Tous deux étaient dignes de marcher aux côtés de leur valeureux général.

Les autres officiers d'état-major dont les généraux étaient absens reçurent des commandemens particuliers; ils s'y comportèrent avec honneur; leurs actions pouvaient être citées avec celles des officiers de troupe qui avaient eu des occasions de se faire remarquer. Quelques-uns sont cités parce qu'ils ont été tués ou blessés, beaucoup d'autres ont eu le même malheur, pourquoi n'ont-ils pas la même récompense?

Je me tairai sur le compte des militaires d'un grade peu marquant qu'on a cités au hasard. On comparera leurs actions avec celles que j'ai rapportées dans le cours de ma narration, et qui sont succinctement détaillées au tableau chronologique. Il ne sera peut-être pas difficile de se convaincre que c'est pour se donner, en apparence, le mérite de l'impartialité, que c'est en quelque sorte pour se populariser dans l'armée, qu'on a fait quelques citations qu'on est étonné d'y rencontrer. Par exemple, mon tambour *Jean-Louis* ne se serait pas attendu que, vingt ans après le siége d'Ancône, son nom serait inscrit dans un gros livre, parce qu'après un combat opiniâtre, causant avec le chef d'état-major des beaux traits que j'avais remarqués dans la journée, je lui dis : Il n'est pas jusqu'à Jean-Louis, tambour des carabiniers, qui ne se soit distingué. Je l'ai vu battant la charge de la main droite, et tenant un pistolet dans la main gauche. Ce fait, rapporté au général Monnier, le fit sourire : *Il faut*, dit-il, *faire ce brave homme caporal.* Et voilà Jean-Louis inscrit dans les fastes de la gloire, tandis que ses chefs ne le sont pas! Il n'y a pas de tableau sans ombres; les peintres en connaissent l'effet.

Combien de réputations se sont formées et agrandies pendant cette longue guerre de la révolution, et combien de bons militaires ont péri sans laisser le plus léger souvenir de leurs belles actions ! Cette idée est affligeante pour des hommes dont la gloire est l'unique ambition, et qui ne laissent pas d'autre héritage à leurs enfans ! Le premier état du Monde, le métier des armes, que les princes nés sur les marches du trône ne dédaignent pas d'exercer, ne devrait-il pas être exempt d'injustices ?

Dans les rapports militaires, qui sont ordinairement rédigés par des officiers d'état-major, on fait la faute grave d'exalter beaucoup les officiers d'état-major, et de parler peu des officiers de troupes. Un officier chargé de porter un ordre et d'en suivre l'exécution, peut y prendre une part fort active. Le commandant le consulte, parce qu'il est censé connaître toute la pensée de son général ; il se tient près de ce commandant, et l'aide *consilioque manuque ;* mais, dans aucun cas, il ne doit éclipser la gloire de l'officier qui manie la troupe. Le rapport, après avoir fait l'éloge du commandant, fera mention de la bravoure que l'officier d'état-major aura déployée ; il appellera sur tous deux les grâces du Souverain. Agir autrement, c'est tuer moralement l'officier de troupes. Il peut cependant arriver qu'un aide-de-camp soit personnellement chargé d'une expédition ; dans ce cas, il faut qu'il ait un grade supérieur à celui de l'officier commandant le détachement : alors, il est de toute justice que le mérite du succès appartienne à l'aide-de-camp. Mais cela n'a pas eu lieu souvent à Ancône. Le général était partout, et quand il envoyait ses aides-de-camp, c'était pour voir, encourager, et non pour commander.

. Sacrifier l'officier de troupes à la réputation de l'officier sans troupes c'est énerver le courage de l'armee. Ce qui constitue une armée, c'est la troupe; si on la mécontente, plus d'espoir de succès. Le découragement s'introduirait, si la partialité, l'inégalité des faveurs et les passe-droits se multipliaient. On a remarqué des hommes qui ont avancé à grands pas, tandis que d'autres, non moins capables, éloignés du champ de l'intrigue et toujours rapprochés du champ de bataille, restaient stationnaires et vieillissaient dans les grades subalternes. L'avancement, dit-on, était rapide dans nos armées. Il aurait dû l'être, eu égard à l'énorme consommation d'hommes; il était cependant très-lent pour certains. En doutera-t-on, quand on voit des colonels de 1793? (1) En doutera-t-on, quand on a vu des capitaines de la même époque prendre, en 1816, leur retraite dans le grade de capitaine? Et quelle fut la cause de l'oubli dans

------

(1) Si on ouvre l'*Almanach Royal* de 1818, on trouvera à l'état-major-général des colonels de 1793. J'en pourrais citer un qui est mon ami particulier. Je ne veux pas le louer, je craindrais d'alarmer sa modestie.

lequel ils restèrent? Celle que je combats aujour-
d'hui, le peu de véracité dans les rapports. On est
fort quand on se présente avec des titres réels, ou
réputés tels.

On me pardonnera, je l'espère, ma franchise
un peu sévère. Tout le bagage des vétérans de
l'armée consiste en un peu de gloire, trouvera-t-on
mauvais que je le défende? Je serais désespéré si
quelqu'un se croyait directement ou indirectement
offensé par mon écrit. Aucun sentiment de haine
particulière ne l'a dicté. Je révèle des vérités con-
nues de toute l'armée; elles me concilieront beaucoup de suffrages, et trouveront peut-être quelques
contradicteurs. Il est rare qu'on ne blesse pas
l'amour-propre de quelqu'un, en rendant justice
au plus grand nombre. Les intérêts particuliers
sont assez souvent en opposition avec l'intérêt général.

On pourrait me soupçonner de ne pas aimer
les officiers sans troupes; on se tromperait fort.
Puis-je être l'antagoniste de ces officiers? Je suis,
ou du moins j'étais naguère, colonel d'état-major,
et je l'étais depuis 1810. J'ai été pendant trois ans
premier aide-de-camp de M. le lieutenant-général
marquis de Lauriston, pair de France. Après avoir
été quatorze ans officier dans les troupes, j'ai
passé à l'état-major-général, où je sers depuis
treize ans; et c'est pour cela que je dis pertinem-
ment qu'un aide-de-camp commande tout, sans

rien commander. Son titre seul suffit pour déter-
miner ses fonctions.

Ce qui nous a donné un peu d'humeur à nous
autres, officiers de troupes, c'est de voir que les
auteurs du XIe tome citent exclusivement, et à
toutes les pages, les aides-de-camp servant près
de leurs généraux, et même les aides-de-camp
détachés de leurs généraux, et qu'on les repré-
sente comme ayant tout commandé, tout dirigé,
tout fait. Il y avait cependant dans la division
vingt-six officiers supérieurs, et les aides-de-camp
étaient au plus capitaines, Girard excepté. Ils se
sont bien battus; tous les officiers et soldats en
ont fait autant. Le rapport de Girard ne les a pas
maltraités; M. Mangourit les a plus favorisés, et
le XIe tome enchérit encore.

N'est-ce pas une tactique trop ordinaire, que
celle de dépouiller les uns pour revêtir les autres?
On nous ferait presque regretter les beaux jours
de l'armée française, le temps où l'on n'avait pas
l'habitude de rédiger des bulletins officieux plutôt
qu'officiels. Alors toute notre réputation se concen-
trait dans l'armée. On s'estimait heureux quand
on passait dans son régiment pour un brave. Vé-
ritables apôtres, nous croyions ne faire que notre
devoir, et n'être que des serviteurs sans mérite.
Mais cette modestie apostolique, qui distingua les
huit premières années de la guerre, fit place plus
tard à une ambition démesurée. Chacun préten-

dit aux honneurs de l'insertion au bulletin. La partialité présida à la rédaction; on exhuma les faits des morts pour ajouter une page à l'histoire des vivans. Et nous avons aujourd'hui des relations bien véridiques !

Quel jugement oserait-on porter sur ces recueils biographiques dont notre littérature moderne s'est enrichie, s'il est vrai que la personne intéressée peut faire admettre l'article qu'elle a broché? Qu'en résultera-t-il? Que la jactance et la fatuité profiteront de ce moyen pour se donner une espèce de célébrité passagère, et que le mérite modeste restera dans l'obscurité. Aussi, combien d'hommes ordinaires ne paraissent des géans que quand on dissimule la taille des autres et qu'on en fait des pygmées ! N'est-il pas plus glorieux et plus avantageux en même temps pour la nation, de présenter à ses voisins une forte réserve d'officiers recommandables et expérimentés, que de mettre sous leurs yeux quelques héros de plus sans aucun entourage ?

Je croyais que la vieille armée devrait des remerciemens aux laborieux écrivains qui consacrent leurs veilles à retracer les glorieux événemens d'une guerre aussi longue que périlleuse; me serais-je fait illusion? S'ils ne sont jamais mieux informés, s'ils n'ont pas de renseignemens plus vrais, ou s'ils font d'un récit authentique un roman de fantaisie, nous imiterons l'exemple des chevaliers de Saint-Jean de Jérusalem. Nous leur adresserons les rapports officiels du siége qui nous a fait tant d'honneur. Ils nous répondront avec le bon abbé Vertot : *Notre siége est fait...* Nos faits d'armes peuvent rester dans un oubli profond, sans que notre amour-propre en soit piqué; mais si on les révèle à la postérité, chacun réclamera sa propriété. On peut ne citer que le général qui a commandé en chef dans un combat; mais si on cite de simples militaires qui se seront bien conduits, l'officier qui se sera distingué prétendra au même honneur. Si, à la lecture d'un paragraphe du livre *des Conquêtes* mon imagination me reporte sur le champ de bataille où, à la voix du général Desaix, de glorieuse mémoire, je me précipitai, à la tête des carabiniers de la 16ᵉ, pour emporter le village de Neuwophen, où une balle me fracassa l'articulation du coude, je serais peu satisfait de voir le nom d'un autre cité en place du mien; car c'est moi qui suis privé de l'usage du bras depuis vingt-deux ans. Dans ce cas, il est préférable de ne pas lire.

– Pag. 344. « Buonaparte éleva le général Monnier » au grade de lieutenant-général. » Oui, et en même temps que le général reçut cette faveur, il en sollicita une semblable pour tous les officiers qui l'avaient le mieux secondé. Il les fit confirmer dans les grades auxquels il les avait successivement promus sur le champ de bataille, en récom-

pense d'une bravoure qui ne s'était pas démentie
un seul jour pendant sept mois. C'est alors que le
chef de bataillon Girard fut nommé adjudant-gé-
néral; que son collègue Demoly fut nommé chef
de bataillon; et que cinquante officiers, au moins,
furent brévetés des grades que leur conduite leur
avait mérités. C'est alors que je le fus moi-même
du grade de chef de bataillon.

Je termine ici l'examen critique de la description que le XIe tome des *Victoires et Conquêtes*
fait du siége d'Ancône. Il me semble qu'on peut
accuser les auteurs d'inexactitude et de partialité.
On serait tenté de croire qu'ils n'ont travaillé que
pour la gloire d'un petit nombre de privilégiés,
auxquels ils ont accolé, pour mieux dissimuler
une obséquieuse préférence, quelques militaires
pris au hasard.

J'aurais approuvé que ce petit nombre d'élus,
dont je ne conteste pas la bravoure, eût trouvé
dans la narration une mention qui les honorât, si
on n'avait pas refusé cette satisfaction à d'autres
qui en étaient au moins aussi dignes.

On me jugerait mal si on pensait qu'une basse
envie m'a fait élever la voix. Je serais désespéré si
ce lâche sentiment perçait à travers mes phrases
assez négligées, et jetées avec précipitation sur le
papier. Non, je ne suis pas jaloux. La preuve, c'est
que je rends justice à mes camarades, comme

j'aurais voulu qu'on nous la rendît à tous. Ce n'est que pour nos intérêts communs que j'ai consenti à me faire leur interprête. Je me réjouis du bien qu'ils ont fait, et je mets leurs actions dans tout leur jour. Je les venge d'un injuste oubli, comme je m'en venge moi-même. Quand ils me liront, ils me sauront peut-être quelque gré d'avoir consacré mes momens de loisir à réfuter une analyse peu véridique. J'aurai bien mérité d'eux tous, et surtout du 2ᵉ bataillon de la 16ᵉ légère.

Je ne dissimule pas mon affection toute particulière pour ce régiment, elle est bien naturelle; mais je proteste qu'elle ne m'a pas rendu partial. Je fis mes premières armes, en 92, dans la 16ᵉ; j'y ai servi onze ans comme officier. Les braves carabiniers m'ont fait le peu de réputation dont j'ai joui dans l'armée; c'est leur intrépidité qui m'a fait remarquer du général Monnier, et qui me valut le grade de chef de bataillon. Pouvait-on les commander et connaître la faiblesse! Ce corps, dont les chasseurs de Roussillon, dédoublement de Royal-Italien, furent le noyau, a fait toutes les campagnes de la révolution avec distinction. Il a vaillamment combattu en Allemagne, en Italie et en Espagne. Aux batailles d'Eylau et de Friedland, sous les ordres du colonel Harispe, aujourd'hui lieutenant-général, il perdit tous ses chefs et ses vieux officiers.

Immortalisons d'un seul mot le 16ᵉ léger; di-

(73)

sons qu'il donna à l'armée l'enfant gâté de la vic-
toire, le maréchal Masséna (1).

Mon écrit éphémère ajoutera peu à la renommée
du 16ᵉ léger. Mais je suis heureux de lui payer aujourd'hui le tribut de mon attachement et de ma
reconnaissance. Je ne compte pas, dans ma vie
militaire, de plus beaux jours, de jours plus for-
tunés que ceux que je passai dans ce corps, qui
était pour moi une seconde famille, dont le colonel Harispe, chéri autant que révéré, était le père.

Si la société d'hommes de lettres, que j'ai en-
trepris d'éclairer sur les faits qui signalèrent la
défense d'Ancône, pouvait conserver quelques
doutes sur la vérité de ce que j'avance, j'offre de
lui communiquer le rapport historique du chef
d'état - major Girard, et les deux volumes de
M. Mangourit; elle verra qu'ils m'ont servi de

----

(1) Donnons aussi une idée des jeux de la fortune. L'adjudant major Maroné, piémontais, était sergent dans le même
régiment où le futur maréchal était adjudant. Maroné
était un officier actif et instruit. Il a fait toutes les campagnes. Il était du bataillon d'Ancône. Il a pris sa retraite
dans le grade de capitaine, en 1816; et il a eu cela de
commun avec beaucoup d'autres. Sur 36 capitaines qui
servaient en l'an 10 (1802) dans la 16ᵉ légère, un s'est
arrêté au grade de chef de bataillon, et deux à celui de
colonel; les autres ont été tués ou retraités comme capitaines.

boussole. Si ces autorités ne suffisaient pas encore pour les convaincre, j'interpellerais des témoignages irréfragables : les lieutenans-généraux Lucotte et Dulong; les colonels Madier, Gout et Lèbre; le lieutenant-colonel Regnier; les chefs de bataillon Demoly, Boisard et Halley; le capitaine Delage, et beaucoup d'autres peut-être vivent encore.

Je trouverai bon qu'on me donne un démenti formel, si je me suis écarté de la vérité. Mais si je suis véridique et impartial, peut-on en dire autant de l'écrivain qui a décrit le siége d'Ancône, dans le livre que je combats? j'ai donc lieu d'espérer que, mieux informé, il se fera un devoir de rectifier ses erreurs et omissions dans une seconde édition, s'il veut effectivement, comme l'annonce son épigraphe, rendre *suum cuique decus*.

TABLEAU

CHRONOLOGIQUE

DES COMBATS

Dans lesquels se sont illustrés particulièrement des militaires de la Division aux ordres du général Monnier.

Relevé fidèlement du Journal du chef d'état-major de la Division Girard.

DATES ET JOURNÉES. NOMS DES GÉNÉRAUX QUI COMMANDÈRENT.	NOMS ET GRADES DES MILITAIRES CITÉS.	ACTIONS, PROMOTIONS ET BLESSURES.
6 prairial an 7. Pont du Metauro forcé.	Demoly, aide-de-camp.	Avec 160 Cisalpins force 600 Turcs et Russes.
	Herculi, lieutenant des dragons romains.	Se distingua.
14 *idem*. Insurgés battus a Ripatransone, Acquaviva et Sto.-Benedetto. Monnier.	Dubarry, chef de brig. rom. Mille, sous-lieutenant, *id.* Mattouchi, sergent, *ibid.* Lamotte, *id.*, *ibid.* Philippeaux, s.-lieut., 16e; Blanc, capitaine, 27e légère.	} Se distinguèrent.
16 *idem*. Assaut et prise d'Ascoli, défendue par 1800 insurgés, 5 pièces de canon et 2 drapeaux.	Demoly, aide-de-camp. Le Couturier, capitaine des carabiniers de la 16e. Munaut, lieutenant, *ibid.*	Attaque la porte Maggiore. Mène ses carabiniers à l'assaut. Parvient le premier sur les murs; promu au gr. de cap.
	Lange, capitaine romain. Castan, tamb.-major cisalp.	} Se font tous deux remarquer.

21 prairial. Combat de Pezzaro. Mounier, Lucotte, Pino, Palombini, colonel de cavalerie.	Magnen, chef de b. 8e lég. Boudin, commt. d'armes. Deschamps, s.-lieut. à la 62e. Dulong, officier de hussards.	Se distinguèrent particulièrement. Se comporta avec bravoure.
30 *idem*. Retraite de Sinigaglia.	Magnen, chef de la 8e. Dapremont, commt de la pl. Zenardi, adjudant-major.	Dirigèrent la défense avec bravoure et talent. S'y distingua.
1er messidor. Loretto et Castel-Fidardo emportés. Général Pino.	Gravier, capitaine aide-de-camp. Cataneo, capitaine-adjoint. Rossier, capitaine cisalpin.	Blessé d'un coup de feu à la cuisse; fait chef de bataill. Se distinguèrent.
4 *idem*. Prise de Cagli.	Brunelli, maréchal-des-logis des dragons romains.	Fait sous-lieutenant sur le champ de bataille.
9 *idem*. Assaut de Fabriano. Mounier, Lucotte et Pino ; Palombini, commandant la cavalerie.	Rossier, capitaine cisalpin. Deschamps, s.-lieut. 62e. Castan, tambour-maj. cisalp. Capelan, chass. de la 16e. Grosset, chasseur, 8e lég. Fontanelli, chef de b. cisalp.	Fait chef de bataillon sur le champ de bataille. Fait lieutenant. Montent les premiers à l'assaut. Grièvement blessé; fait caporal. Blessé.
16 et 17 *id*. Assaut et prise de Macerata. Mounier, Lucotte et Pino; Palombini, colonel.	Sigalas, lieutenant, 16e. Boudin, chef de bataillon. Demoly, aide-de-camp. Scicoti, chasseur, 16e. Lange, capitaine romain. Schiassetti, capitaine des dragons romains.	Tué. Combattirent avec intrépidité. Furent des premiers à s'élancer à l'assaut. Mit pied à terre pour prendre part à l'action.
23 *idem*. Assaut et prise de Fano. Mounier, Lucotte et Pino; Palombini, colonel.	Boblique, chef de bataillon de la 16e. Magnen, *idem* de la 8e. Chevalier, capite de la 55e. Alix, colonel d'artillerie. Gravier, cape aide-de-camp. Decoquel, officier cisalpin. Banco, *idem*. Janot, sergent, comp. auxil. Dulong, lieutenant, hussards volontaires.	Brave et estimable officier ; fit des prodiges de valeur. *Id*. eut un chev. tué sous lui. Son intrépidité fut récomp. par le grade de chef de bat. Déploya de la bravoure et des talens. Prit une pièce de canon. Se distinguèrent. Blessé; fait prisonnier le commandt de l'artill. ennemie.

21 thermidor. La redoute de la Montagnola forcée par l'ennemi. Le général Lucotte.	Demoly, cap^e aide-de-camp.	} Conduite courageuse.
	Madier, *id.*	
	Zenardi, *id.*	Eut son cheval tué.
	Decoquerel, capit^e adjoint.	Belle conduite.
1er fructidor. Attaque les assiégeans sur les monts Galeazzo et Pelago. Monnier ; Palombini, colonel.	Demoly, aide-de-camp.	Avec les carabiniers de la 16e, culbute l'ennemi.
	Palombini, colonel des dragons romains.	Enveloppé par les Russes, en sabre deux et se dégage.
	Gazan, maréchal-des-logis.	Se fait remarquer.
10 *idem.* La même attaque récidivée. Monnier.	Palombini, colonel.	} Sont mentionnés honorablement.
	Decoquerel, cap^e adjoint.	
	Zenardi, adjudant-major.	
	Mérot, lieut. du 1er d'artill.	} Sont récompensés de leur bravoure par la promotion au grade supérieur.
	Corneil, sergent-major, *ib.*	
	Degain, sergent, *ib.*	
	Brun, sous-lieuten^t romain.	Est fait lieutenant.
	Tirado, maréchal-des-logis.	Est fait sous-lieutenant.
	Lévrier, *id.* *ib.*	Est fait maréch^l.-des-logis-ch.
26 *idem.* L'ennemi attaque le mont Gardet. Monnier, Pino.	Espanet, capitaine aide-de-camp.	Blessé mortellement ; fait chef de bataillon, il n'en jouit pas.
	Coste, officier cisalpin.	Est nommé chef de bataillon.
	Banco, *id.*	Est nommé capitaine.
	Courtois, adjudant de la 8e.	Est fait sous-lieutenant.
	Boblique, chef de bat., 16e.	} Se firent remarquer.
	Paris, capitaine.	
	Demoly, aide-de-camp.	
3e jour complémentaire. Attaque récidivée du mont Galeazzo.	Chavonet, lieutenant, 16e.	Blessé à mort ; fait capitaine.
	Duclous, caporal, 8e léger.	Nommé sergent.
	Dolet, sapeur, *ib.*	Fait caporal.
3 vendém^{re} an 8. Combat sur le même champ de bataille.	Madier, capitaine aide-de-camp.	Repousse l'ennemi ; est fait chef de bataillon.
	Valençon, chass. de la 8e.	Est nommé caporal.
7 *idem.* Le même point encore défendu.	Gravier, capitaine aide-de-camp.	Reçoit trois coups de feu ; est nommé chef de bataillon.
	Cadéot, caporal de la 16e.	Combat corps à corps avec un officier russe, le fait prisonnier ; est nommé sergent.
	Bourguignon, chasseur, *ib.*	Est nommé caporal.

8 vendémiaire. Nouvelle sortie sur le mont Galeazzo.	Gazan, chef de bat., comm^t d'armes de la citadelle.	Repousse l'ennemi, est tué.
	Milton, sergent de la 16e. Halley, caporal, comp. aux.	Disputent à l'ennemi le corps de Gazan, le retirent de ses mains.
9 *id.* Sortie générale. La grande redoute de l'ennemi est forcée après trois assauts. Deux autres redoutes forcées également. Le général en chef Lahoz est tué; 11 pièces de canon sont enclouées; on prend sept drapeaux. Monnier, Lucotte et Pino.	Le Couturier, cap^e des carab. de la 16^e	A la tête de la *colon. infern.* enlève la grande redoute, est fait chef de bataillon.
	Delage, lieut. *ib.*	Blessé, fait capitaine.
	Witz, sous-lieut. *ib.*	Se distingue, fait lieutenant.
	Gœury, sergent-major *ib.*	*Id.* fait sous-lieutenant.
	Moreau, caporal *ib.*	A la cuisse cassée, fait serg.
	Beterma, carabinier *ib.*	Entre par une embrasure, fait caporal.
	Zenardi, aide-de-camp.	Avec 100 hommes, repousse une colon. 4 fois plus forte.
	Decoquerel, cap^e adjoint. Gout, lieut. de la 11e. Lange, capitaine romain Lazarini, lieut. *ib.* Fontanelli, chef de bat. cisal. Bonelli, lieut. *id.* Bassoni, *id. ib.* Le Busson, sous-lieut. *ib.* Degain, sergent d'artillerie.	Se distinguèrent particulièrement.
	Balbi, grenadier cisalpin.	Blessa à mort le gén. Lahoz, rapporta son sabre et son panache, et fut nommé serg.
12 *id.* Attaque générale de l'ennemi. Combat sanglant et opiniâtre pendant toute la journée. Monnier, Lucotte, Pino, Palombini.	Palombini, colonel des dragons romains.	Son intrépidité est récompensée par le grade de général, il est blessé à l'épaule d'un coup de feu.
	Demoly, cap^e, aide-de-camp.	Qui se distingua si souvent fait chef de bataillon.
	Zenardi, *id. id.*	*Idem.*
	Lange, cap^e de la lég. rom.	*Idem.*
	Lébre, lieutenant de la 16e. Gout, *id.* de la 11e. Taquin, *id.* de la 8e. Regnier, *id.* des romains. Dulong, lieut. des hussards, blessé de trois coups de feu.	Furent promus au grade de capitaine, en récompense de leur bravoure.
	Jasseret, adjudant de la 16e.	Fait lieutenant.
	Riva, sergent des romains. Maximin, *id. ib.*	Promus au grade de sous lieutenant.
	Letellier, fourrier, 16e. Dupin, caporal, *ib.* Suret, *id. ib.* Ponseff, *id.*, 8e qui reçut cinq coups de feu.	Élevés au grade de sergent.
	Demain, hussard.	Fait maréchal-des-logis.
	Jean-Louis, Tambour, 16e.	Nommé caporal, battait la charge et faisait feu.

Suite de la journée du 12 vendémiaire.		
Bonelli, lieutenant cisalpin.		
Rivara, *id. ib.*		Faits capitaines cisalpins.
Loricelli, *id. ib.*		
Ghiacci, sous-lieutenant *ib.*		Nommés lieutenans.
Busson, *id. ib.*		
Gaston, sergent *ib.*		Nommés sous-lieutenans.
Potier, *id. ib.*		
Ribe, caporal, *ib.*		Fait sergent.
Le Couturier, chef de bat., command^t la *colonne infernale.*		
Boudin, *id.*, commandant d'armes.		
Madier, *id.* aide-de-camp.		
Dunoguès, cap^e, 16e, tué.		
Munaut, *id. ibid.* tué.		
Delage, *id. ibid.*		
Midon, *id. ibid.*		
Witz, lieutenant, *ibid.*		
Legras, *id. ibid.*		
Lesage, *id. ibid.*		
Wonalm, *id. ibid.* blessé.		
Malpey, *id.* 8e.		
Yegler, sous-lieut., 16e, tué.		Se firent remarquer par leur conduite courageuse, et furent mentionnés honorablement à l'ordre du jour de la division.
Casaubon, *id.* 55e.		
Dimier, *id.* 16e, tué.		
Belamour, sous-lieut, rom.		
Bouillé, *id. ibid.* blessé.		
Beauve, serg.-maj^r, 16e, tué.		
Bremont, sergent.		
Lasale, *id.*		
Ségriste, *id.*		
Fournier, *id.*		
Loyan, *id.*		
Blamard, *id.*		
Maille, *id.*		
Désolé, caporal.		
Leguin, *id.*		
Spada, *id.*		
Launé, chasseur.		
Sernon, *id.*		
Daralon, *id.*		
Moreau, *id.*		
Heller, *id.*		
Ramicau, *id.*		

Nota. Sur ce tableau, je n'ai pas cru devoir citer le nom de Girard, chef d'état-major et premier aide-de-camp du général Monnier, parce qu'il n'a jamais fait mention de lui-même dans son rapport que j'ai suivi. Je me borne à dire qu'il se trouva partout avec son brave général, et je joins le certificat qui lui fut délivré au bas de son journal, ainsi que l'approbation que donnèrent les chefs de corps à la véracité de son rapport historique.

CERTIFICAT.

Le général Monnier voulant rendre justice à la conduite du chef d'état-major Girard, se plaît à déclarer que dans toutes les affaires difficiles, au milieu des combats, il a donné l'exemple de la valeur et du dévouement. Cet officier, recommandable par son zèle et ses talens, a rempli les fonctions de chef d'état-major avec la plus haute distinction comme avec la plus grande utilité.

Signé MONNIER.

Les chefs de corps de la garnison ayant pris lecture du rapport du chef d'état-major, déclarent qu'il est conforme à la vérité ; mais la vérité leur ordonne de réparer un oubli. Tous aiment à dire et à attester qu'à la tête des braves, au milieu des dangers, dans la conduite des colonnes, à la prise d'assaut des villes, on a toujours vu se montrer avec la plus grande distinction, le chef-d'escadron Girard, premier aide-de-camp du général Monnier, chef d'état-major de la division. Ils réparent le silence de sa modestie, en déclarant que Girard réunit toutes les qualités morales et militaires qui font l'officier précieux et estimable.

Signés BOUDIN, commandant d'armes ; PALOMBINI, chef ; TRIBOULOIS, PIGNY, BOBLIQUE, MAGNEN, ROTROU ; BONAU, commandant d'armes ; LE COUTURIER, FONTANELLI, MALVILLAN, NIELEPIES, DUBARRY, tous chefs de corps.